VERBORGENES TAL
DODOS HÖHLE
KARLOS GEMÜSE-BEET
AM MEER

Für Mia Barclay und Esme Wren – G. A.

Für Mama und Papa – M. B.

Vorlese-Zeit

Von
Georgie Adams
Mit Bildern von
Magda Brol
Aus dem Englischen von
Pia Jüngert

arsEdition

Aus eigener Erfahrung weiß ich nur zu gut, wie schwierig es ist, im hektischen Alltag ein paar freie Minuten zu finden, um sich mit den Kindern in Ruhe hinzusetzen, zu kuscheln und ihnen vorzulesen. Deshalb habe ich unterschiedlich lange Texte zusammengestellt, die entsprechend der zur Verfügung stehenden Zeit ausgewählt werden können – denn gemeinsam in eine Geschichte einzutauchen, ist einer der wertvollsten Momente überhaupt.

Einfache Blattsymbole dienen als Orientierung, damit die passenden Geschichten und Gedichte je nach Zeit, Lust und Laune kombiniert werden können:

kurze Geschichte

mittellange Geschichte

lange Geschichte

Gedicht

Viel Spaß beim Lesen!

Georgie Adams

Inhalt

Hallo, ich bin Dodo Dino. Bist du bereit für ein Abenteuer?
Hallo, ich bin Karlo Kater. Schnurr-schön, dich kennenzulernen!
Hallo, ich bin Bruno Bär. Komm mit, wir werden viel Spaß haben!

Komm mit ins Geschichtenland!

Hast du schon einmal vom Geschichtenland gehört? Hier leben Bruno Bär, Dodo Dino und Karlo Kater. Dort wachsen Geschichten am Geschichtenbaum. Jeden Tag lesen die drei Freunde hier etwas zusammen. Eines Nachts jedoch war ein Sturm aufgekommen und hatte alle Geschichtenblätter vom Baum geweht. Sofort machen sich Bruno, Dodo und Karlo auf die Suche nach ihren geliebten Geschichten, um sie wieder zu diesem besonderen Baum zurückzubringen.

Bruno und die summenden-brummenden Bienen

Einmal war ich in einem sehr, sehr heißen Land unterwegs, wo ich nach den summenden-brummenden Bienen suchte. Ich hatte davon gehört, dass sie den süßesten Honig der Welt herstellten – und davon wollte ich unbedingt einmal kosten!

Auf meiner Suche begegnete mir eine Giraffe. „Weißt du, wo ich die summenden-brummenden Bienen finden kann?", fragte ich sie. „Ich habe gehört, dass sie den süßesten Honig der Welt machen." Die Giraffe beugte ihren langen Hals zu mir herunter und betrachtete mich mit ihren großen, braunen Augen. Sie schüttelte den Kopf. „Tut mir leid, das weiß ich nicht. Tipp-tapp-tipple weiter des Weges und du wirst sie bestimmt finden. Doch pass auf dich auf! Die Tigermama streift hier herum. Sie sucht nach ihrem Jungen."

„Ein T-T-T-Tiger?“, stotterte ich. „DEM werde ich ganz sicher aus dem Weg gehen.“

Ich bedankte mich bei der Giraffe und ging tipp-tapp-tippelnd meines Weges. Dabei war ich die ganze Zeit auf der Hut vor der Tigermama. Bald kam ich an einen Teich, in dem ein paar Elefanten planschten. Übermütig spritzte mich ein Elefantenjunges mit Wasser nass. Es herrschte eine Affenhitze und das Wasser war schön kalt, deshalb machte mir die kleine Dusche nichts aus. Ich fragte die Mama des Elefantenbabys, ob sie mir helfen könne. „Weißt du, wo ich die summenden-brummenden Bienen finden kann? Ich habe gehört, dass sie den süßesten Honig der Welt machen.“ Die Elefantenmama dachte einen Moment nach und schwenkte ihren Rüssel. „Tut mir leid, das weiß ich nicht. Tipp-tapp-tipple weiter des Weges und du wirst sie bestimmt finden. Doch sei vorsichtig! Die Tigermama ist ganz in der Nähe. Sie hat ihr Junges verloren.“ „Ja, eine Giraffe hat mir bereits von ihr erzählt“, antwortete ich. „Aber danke für die Warnung. In meinem Bauch kribbelt es schon, wenn ich nur an sie denke!“

Wieder ging ich tipp-tapp-tippelnd meines Weges und hielt aufmerksam nach der Tigermama Ausschau. Nach kurzer Zeit erreichte ich einen Dschungel mit merkwürdigen Pflanzen. In einem Baum schaukelte ein Affe. Ich blieb stehen, um ihn um Hilfe zu bitten. „Weißt du, wo ich die summenden-brummenden Bienen finden kann? Ich habe gehört, dass sie den süßesten Honig der Welt machen.“ Ast für Ast hangelte der Affe am Baum zu mir herunter. „Uh-uh-uh! Tut mir leid, das weiß ich nicht. Tipp-tapp-tipple weiter auf dem Weg und du wirst sie bestimmt finden. Aber sei gewarnt! Vorhin erst habe ich die Tigermama gesehen. Sie sucht nach ihrem Jungen.“

BRUNO UND DIE SUMMENDEN-BRUMMENDEN BIENEN

„Oh-oh …“, machte ich und warf beunruhigt einen Blick über meine Schulter. „Ja, eine Giraffe und ein Elefant haben mir von ihr erzählt. Mein Fell steht schon zu Berge, wenn ich nur an sie denke! Aber ich bin den ganzen weiten Weg hierhergekommen, um die summenden-brummenden Bienen zu finden – ich kann jetzt nicht einfach aufgeben!“ Ich bedankte mich bei dem Affen und ging tipp-tapp-tippelnd weiter meines Weges, sah mich aber immer wieder vorsichtig nach der Tigermama um. Plötzlich hörte ich ein Geräusch und blieb stehen:

Summ

summ

Summ-summ-summ-s-s-s-s-s-S!

Ich blickte nach oben und entdeckte einige Bienen, die um einen Pompon-Baum schwirrten. Da erkannte ich sie: „Hurra! Summende-brummende Bienen!“ Vor lauter Begeisterung vergaß ich die Tigermama und kletterte den Baum hinauf; es war sehr weit bis nach oben. Zum Glück flogen die summenden-brummenden Bienen auf der Suche nach Nahrung gerade davon, als ich oben an der Baumkrone ankam. Für den Honig brauchen sie den Blütennektar einer besonderen Nelkenart; deshalb schmeckt er auch so lecker! Nachdem ich mich vergewissert hatte, dass die Bienen ihr Nest verlassen hatten, sah ich hinein und entdeckte eine riesige Bienenwabe, an der goldener Honig heruntertropfte. Ich brach ein Stück davon ab und leckte daran. „Mmmmh!“, brummte ich genüsslich. „Das IST der süßeste Honig der Welt!“ Ich aß weiter von diesem herrlich klebrigen Honig und fand kein Ende, bis –

„Oh-oh! Die summenden-brummende Bienen kehren zurück!“ Im Handumdrehen steckte ich ein Stückchen Wabe in meine Tasche und kletterte den Pompon-Baum hinunter. Ich brauchte ewig dafür, denn an mir klebte überall der süße Honig! Als ich endlich unten war, ging die Sonne schon unter und es wurde langsam dunkel. Gerade als ich mich am Fuß des Baumes für ein Nickerchen zusammenrollen wollte, schreckte ich von einem Geräusch auf:

TAPP, TAPP, TAPP!

Das waren ganz sicher Pfoten – GROSSE Pfoten –, die den Weg entlangtrotteten. Und immer näher und näher kamen. Und dort, im Mondschein, stand plötzlich … die Tigermama!

In meinem Bauch kribbelte es. Mir fuhr ein Schauer über den Rücken. Ich wollte wegrennen, doch meine Beine gehorchten mir nicht. Langsam näherte sich die Tigermama. *Oh, Hilfe*, dachte ich. *Das ist mein Ende.* Dann machte sie einen Satz auf mich zu. „Mein Schatz“, schnurrte sie sanft. Bevor ich wusste, wie mir geschah, packte sie mich am Genick und trug mich durch den Dschungel davon. Der Honig aus meiner Wabe tröpfelte aus meiner Tasche auf den Weg. Die Tigermama brachte mich in ihre Höhle und schleckte mich überall ab. „Ich dachte schon, ich hätte dich für immer verloren“, sagte sie. „Wo bist du nur gewesen? Mmmmh! Du schmeckst nach Honig!“ Ich war vor Angst wie erstarrt und traute mich nicht, auch nur einen Mucks von mir zu geben. Außerdem kitzelte ihre Zunge auf meinem Bauch! Es kitzelte und kitzelte! Ich versuchte, mir das Lachen zu verkneifen, doch ich konnte nicht anders. Überrascht warf die Tigermama einen prüfenden Blick auf mich.

„Du bist ja gar nicht mein Kind!“ Erbost knurrte sie, kräuselte die Lippen und riss ihr Maul weit auf. Ich musste schlucken und kniff in Panik meine Augen zusammen. „Bitte friss mich nicht!“, flehte ich hilflos.

In diesem Augenblick sprang ein Tigerjunges in die Höhle. „Mami!“ Die Tigermama traute ihren Augen nicht. „DU bist mein Schatz!“, rief sie glücklich. „Wie hast du nach Hause gefunden?“ „Ich bin einer Spur aus Honig gefolgt“, antwortete das Tigerkind. „Er schmeckte so süß, dass ich nicht aufhören konnte, davon zu naschen!“

Erleichtert zog ich die Honigwabe aus meiner Tasche. „Es ist der süßeste Honig der Welt!“, erzählte ich. Die Tiger stimmten zu. „Danke!“, sagte die Tigermama freundlich. „Wegen dir hat mein Junges sicher nach Hause gefunden.“ „Und jetzt ist es für mich an der Zeit heimzugehen“, antwortete ich. „Auf Wiedersehen.“ Dann lief ich tipp-tapp-tippelnd den Weg zurück. Unterwegs traf ich den Affen, die Elefanten und die Giraffe und überbrachte ihnen die gute Nachricht. „Die Tigermama hat ihr Junges wieder, und das nur, weil ich die summenden-brummenden Bienen gefunden habe, die den süßesten Honig der Welt machen!“

Süße Träume

Eines Abends gingen Samuels Eltern aus und Mina kam zum Babysitten.

„Bis morgen früh“, sagte Mama und gab Samuel einen Gutenachtkuss. „Benimm dich“, lächelte Papa und fuhr ihm liebevoll durchs Haar. „Mach ich“, versprach Samuel. „Ihnen einen schönen Abend“, rief Mina noch hinterher. Samuel mochte Mina sehr. Sie konnte zaubern! „Führst du heute Abend bitte ein paar Zaubertricks vor?“, fragte er. „Natürlich“, antwortete Mina. Sie öffnete ihren Zauberkoffer, setzte sich einen glitzernden Hut auf und zog ihren Zauberstab hervor. „Bereit?“ Samuel nickte. Mina klopfte mit dem Zauberstab dreimal auf den Koffer, murmelte einige Zauberworte und – Simsalabim! – tanzten ein paar Ballons heraus. „Toll!“, freute sich Samuel. Es gab noch mehr knifflige Tricks: Zauberin Mina verwandelte sechs Tücher in Seidenschmetterlinge und zog ein pelziges Plüschkaninchen aus ihrem Hut. Samuel klatschte und jubelte begeistert. „Noch einen!“, bettelte er.

„Hmm“, murmelte Mina. „Lass mich nachdenken …“ Sie fuhr mit ihrer Hand in einen Ärmel, zog eine Münze heraus und hielt sie Samuel vor die Nase. Dann schnippte sie mit ihren Fingern und – *hui!* – war die Münze plötzlich verschwunden. „Wo ist sie?“, fragte Samuel. Mina tat so, als suchte sie nach ihr, und riss schließlich die Augen weit auf. „HIER!“, rief sie und holte eine goldglänzende Münze hinter Samuels Ohr hervor. Sie war aus Schokolade. Sofort wickelte Samuel die Süßigkeit aus und biss ein Stückchen davon ab. „Lecker!“

Später durfte er noch auf seinem Tablet spielen. „Was spielst du da?“, fragte Mina. *„Drachenschatz“*, antwortete Samuel. „Ich bin schon fast an der Drachenhöhle angekommen. Dort ist der Schatz versteckt.“ Doch viel zu schnell war Schlafenszeit. „Tablet aus“, bestimmte Mina. „Schlafanzug an.“ „Oh, noch ein bisschen, BITTE!“, jammerte Samuel. „Ich zähle bis fünf“, erwiderte Mina ungerührt. „Eins –“ „Zähl langsam“, flehte Samuel.

„Zwei –“, fuhr Mina fort. „Zu schnell!“, protestierte Samuel. „Drei, vier …“ „Halt!“, rief Samuel. „FÜNF“, sagte Mina entschieden. „Ab ins Bett.“ Samuel zog eine Schnute. „Jetzt muss ich morgen wieder ganz von vorne anfangen.“ „Mach dir nichts draus“, beruhigte ihn Mina. „Versuch's dann einfach noch einmal. Du wirst es schaffen.“ Vor dem Einschlafen las sie ihm noch eine Gutenachtgeschichte vor, gab ihm einen Kuss und machte das Licht aus. „Träum süß, Samuel“, wünschte sie und lächelte geheimnisvoll. „Träum süß.“

In dieser Nacht träumte Samuel von einer gefährlichen Suche nach einem Schatz, der von einem wilden Drachen bewacht wurde. Es war wie in seinem Computerspiel, nur erschien ihm in seinem Traum alles so echt … Vorsichtig spähte Samuel in die Drachenhöhle hinein. Der Drache schlief tief und fest und schnarchte laut.

z-z-z-z-z-z-z-z-z

Mit jedem gewaltigen Schnarcher erzitterte der Boden unter Samuels Füßen. Samuel hielt den Atem an. Mutig schlich er an dem schuppigen, schlafenden Monster vorbei. Und da – genau neben der Schwanzspitze – lag ein funkelnder Haufen GOLD! Jetzt galt es, keine Zeit zu verlieren. Blitzschnell schnappte Samuel sich eine Handvoll Münzen. Sehr zu seinem Erstaunen rochen sie süßlich – wie Schokolade. Seltsam, dachte er und glaubte genau in diesem Moment eine vertraute Stimme durch die Höhle hallen zu hören: *Träum süß, Samuel. Träum süß.* Samuel schnupperte an einer Münze. „Schokolade!“, rief er freudig, nachdem er sie ausgewickelt und davon probiert hatte. Dann noch eine. Und noch eine. Er wollte gerade nach der nächsten Münze greifen, als zu seinem Unglück der Drache ERWACHTE!

Zuerst öffnete der Drache nur ein Auge. Dann das andere. Sofort fiel sein Blick auf – Samuel. Nun war dieser besondere Drache ein großes Schleckermaul. Es brachte ihn vor Wut zum Glühen, als er Samuel dabei ertappte, wie er seine Schokolade stahl. Mit ohrenbetäubendem Gebrüll und Feuer speiend blies der Drache Samuel von den Füßen. Schlimmer noch: Die Schokolade schmolz im Feueratem des Drachen. „Ich gehe jetzt besser“, beschloss Samuel und rappelte sich eilig auf. Da bemerkte er, wie flüssige Schokolade aus den Münzen tropfte. Er konnte nicht widerstehen und leckte ein letztes Mal genüsslich daran, bevor er aus der Drachenhöhle floh.

Er RANNTE los. Er rannte so schnell, wie er konnte, und blieb nicht mehr stehen, bis er endlich sicher daheim im Bett lag …

„Aufwachen, Samuel“, hörte er da die Stimme seiner Mutter. Samuel rieb sich den Schlaf aus den Augen. „Ich habe den Drachenschatz gefunden“, murmelte er. „Gut gemacht“, sagte Mama. „Er war aus Schokolade“, fuhr Samuel fort. „Das ist ja nett!“, lächelte Mama. „Aber leider ist alles geschmolzen“, bedauerte Samuel. „Schade“, fand auch Mama. „Jetzt zieh dich an, Samuel, es ist Zeit fürs Frühstück.“ Im Badezimmer entdeckte Samuel beim Blick in den Spiegel eine winzige Spur Schokolade an seinem Mund. Und er erinnerte sich wieder an die vertraute Stimme aus seinem Traum: *Träum süß, Samuel. Träum süß.* Genau DAS hatte Mina doch gestern Nacht vor dem Einschlafen zu ihm gesagt! Samuel war begeistert. „Toll! Mina kann WIRKLICH zaubern!“

SOAP

Müde Schäfchen

Zehn Schäfchen in der Küche und
neun auf Stufen stehn.
Acht kannst du noch im Garten und
sieben sitzen sehn.
Sechs planschen in der Wanne,
fünf schaun zur Tür hinaus.
Vier turnen an der Lampe,
drei ruhn sich liegend aus.
Zwei lehnen hier am Bettchen
und eins gibt auf mich acht.
Nun schlaft, ihr müden Schäfchen,
ich wünsch euch Gute Nacht!

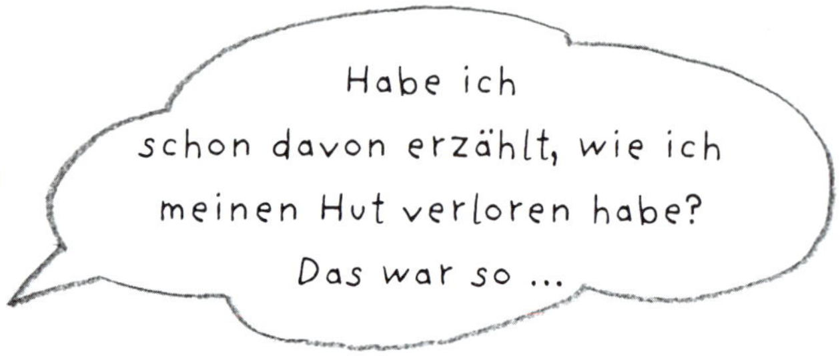

Dodos fliegender Hut

Eines Tages – ich war gerade beim Einkaufen – blies mir eine windig-wirbelige Windböe meinen Hut vom Kopf. Ausgerechnet meinen Schlappigen-Schlapphut-mit-'ner-Schleife-zum-Binden-und-'nem-Bändchen-ganz-hinten.

Ich rannte ihm hinterher. Ich jagte ihm die Hauptstraße bis um die nächste Ecke nach. Dort traf ich Hund Hugo mit den stummelig kurzen Beinchen und dem wedelnden Schwänzchen. Als Hugo meinen Schlappigen-Schlapphut-mit-'ner-Schleife-zum-Binden-und-'nem- Bändchen-ganz-hinten bemerkte, bellte er:

„Lustig, damit kann ich bestimmt prima spielen!“ Sofort rannte auch Hund Hugo mit den stummelig kurzen Beinchen und dem wedelnden Schwänzchen dem Hut hinterher.

Der windig-wirbelige Wind blies ausgelassen weiter. Er wirbelte meinen Schlappigen-Schlapphut-mit-’ner-Schleife-zum-Binden-und-’nem-Bändchen-ganz-hinten hoch in die Luft. Er segelte über eine Mauer in den Park. Dort begegneten wir einem trällernden Vogel mit leuchtend roten Flügeln und gelbem Schnabel. Als der trällernde Vogel meinen Schlappigen-Schlapphut-mit-’ner-Schleife-zum-Binden-und-’nem-Bändchen-ganz-hinten sah, sang er: „Tirili-tirili-tirilooo. Der Hut wäre ein schönes Nest!“ Und schon flog ihm auch der trällernde Vogel mit leuchtend roten Flügeln und gelbem Schnabel hinterher. Zu dritt verfolgten wir meinen Schlappigen-Schlapphut-mit-’ner-Schleife-zum-Binden-und-’nem-Bändchen-ganz-hinten bis aus dem Park. Immer weiter und weiter, hinaus aus der Stadt und schließlich einen Feldweg entlang.

Dort trafen wir Frau Blumenstock neben ihrem Fahrrad mit einer klingelnden-ringelnden Klingel. Sie wollte Brombeeren pflücken und hatte vergessen, einen Korb mitzunehmen. Als Frau Blumenstock meinen Schlappigen-Schlapphut-mit-'ner-Schleife-zum-Binden-und-'nem-Bändchen-ganz-hinten entdeckte, rief sie: „Genau das, was ich brauche. Der Hut wäre sehr gut als Korb geeignet." Frau Blumenstock stieg auf ihr Fahrrad mit einer klingelnden-ringelnden Klingel und fuhr ihm ebenfalls hinterher.

Wir rannten den Feldweg entlang und verfolgten meinen Schlappigen-Schlapphut-mit-'ner-Schleife-zum-Binden-und-'nem-Bändchen-ganz-hinten. Der windig-wirbelige Wind trieb seinen Spaß mit uns. Schließlich kamen wir zu einem Bauernhof, wo Zacharias, der Ziegenbock, mit seinen großartig gezwirbelten Hörnern lebte. Als Zacharias meinen Schlappigen-Schlapphut-mit-'ner-Schleife-zum-Binden-und-'nem-Bändchen-ganz-hinten sah, warf er den Kopf mit seinen Hörnern zurück und sagte: „Das sieht zum FRESSEN lecker aus." Ziegenbock Zacharias nahm nun auch die Verfolgung meines Schlappigen-Schlapphuts-mit-'ner-Schleife-zum-Binden-und-'nem-Bändchen-ganz-hinten auf. Kurz darauf erreichten wir ein Maisfeld.

Mitten auf dem Feld stand eine Vogelscheuche namens Freddy mit zerrissen-zerschlissener Jacke und Flickenhose. Als Freddy meinen Schlappigen-Schlapphut-mit-'ner-Schleife-zum-Binden-und-'nem-Bändchen-ganz-hinten sah, rief er: „Oh! Ich wollte schon immer so einen Hut!“ In diesem Augenblick – du kannst es glauben oder nicht! – flaute der windig-wirbelige Wind ab. Und mein Schlappiger-Schlapphut-mit-'ner-Schleife-zum-Binden-und-'nem-Bändchen-ganz-hinten schwebte vom Himmel herunter … und landete auf Freddys Kopf. „Danke“, sagte Freddy. „Er passt wie angegossen!“ Ich lachte beim Anblick der glücklichen Vogelscheuche. „Gern geschehen. Mein Schlappiger-Schlapphut-mit-'ner-Schleife-zum-Binden-und-'nem-Bändchen-ganz-hinten gehört dir. Du brauchst ihn mehr als jeder andere von uns. Du übernimmst hier auf dem Feld eine sehr nützliche Arbeit, weil du die Krähen vom Mais fernhältst.“ Die anderen stimmten mir zu. Schließlich machten wir uns auf den Heimweg: der Hund Hugo mit den stummelig kurzen Beinen und dem wedelnden Schwänzchen, der trällernde Vogel mit leuchtend roten Flügeln und gelbem Schnabel, Frau Blumenstock mit ihrem Fahrrad und der klingelnden-ringelnden Klingel, Ziegenbock Zacharias mit den großartig gezwirbelten Hörnern und ich.

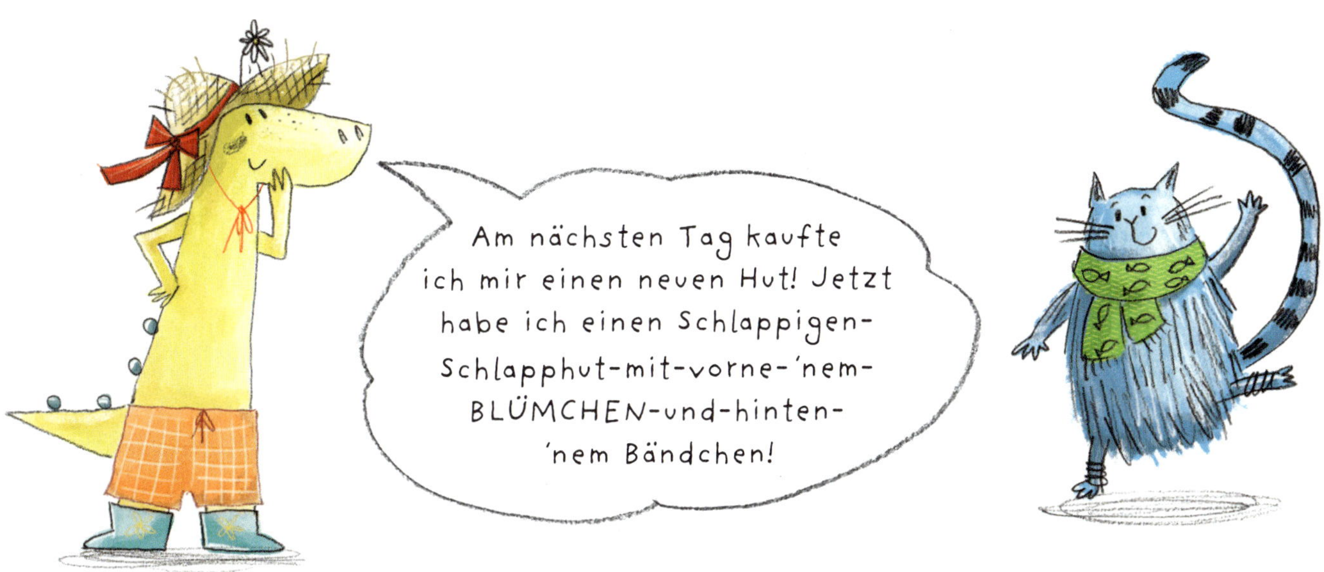

Bus 49

Eine Schlange bildet sich und wartet auf den Bus,
es ist der 49er, der bald kommen muss!

Die Mama steht mit Baby da,
ein Mädchen mit Telefon,
auch zwei Krankenschwestern
und ein Handwerker warten schon.
Ein Musiker mit Kontrabass,
ein Reisender mit Gepäck,
ein Paar mit schweren Tüten
und ein Dieb mit Sack –
oh Schreck!

'ne Malerin mit Staffelei,
ein Herr mit Hund, ganz klein,
ein Wanderer mit Kamera,
ein Bub mit Fröschelein.
'ne Familie, die Urlaub macht,
ein Spieler und sein Schach,
ein Fußballteam mit Schlamm am Schuh,
'ne Faschingsgruppe – ach!

Geduldig stehen alle hier,
die Schlange ist sehr lang.
Doch jetzt geht einen Schritt zurück,
der Bus kommt endlich an!

Karlo und die Hexe

Vor ein paar Tagen hielt ich unter einem Kohlkopf im Gemüsebeet ein kleines Nickerchen und träumte gerade von einem fetten, zappelnden Fisch. Da schreckte mich plötzlich etwas auf: Inmitten der Karotten kauerte ein Hase und weinte große, runde Tränen. Einen kurzen Augenblick glaubte ich, weiterschlafen zu können. Es war so gemütlich und warm unter dem Kohlkopf und schließlich braucht ein Kater seinen Schlaf. Doch der Hase blickte so traurig drein, dass ich ihn fragte, was geschehen sei.

„Meine B-B-B-Babys“, schniefte Hilda, die Hasenmama. „Die nichtsnutzige Hexe Schimmelda hat meine Kinder in Giftpilze verzaubert!“ „Warum hat sie das nur getan?“, fragte ich. „Aus Spaß!“, rief Hilda verärgert. Die Hasenmama stampfte mit dem Fuß so fest auf den Boden, dass ich einen Satz machte. „Schimmelda war langweilig, und deshalb fing sie an zu hexen. Immer macht sie Ärger, doch dieses Mal ist sie zu weit gegangen.“ „Allerdings“, bestätigte ich. Ich folgte Hilda in den Zauberwald, wo sie mit ihren Kindern lebte. Sie zeigte mir sechs Giftpilze, die in einem Kreis standen. Erst hielt ich sie für gewöhnliche Pilze. Doch als ich genauer hinsah, erkannte ich an jedem von ihnen winzige Hasenohren. Ich begann nachzudenken.

„Ich glaube, Hexe Schimmeldas Zauberspruch hat nicht so funktioniert, wie sie wollte“, grübelte ich. „Es gibt noch eine Chance – eine einzige Chance. Ich könnte deine Kinder zurückverwandeln, wenn ich einen Weg finde, den Zauberspruch ungeschehen zu machen …“ Hilda klatschte in ihre Pfoten. „Oh bitte versuche es, Karlo!“ „Ich werde mein Bestes geben“, versprach ich und brach auf. Hilda blieb als Wache bei ihren Kindern, den Giftpilzen, zurück. Ich war tief in Gedanken versunken, als ich auf einen Tannenbaum traf – oder etwas Ähnliches –, der mit Fell bewachsen war.

„H-I-L-F-E! HILF MIR BITTE!“

Ein dumpfer Schrei drang aus dem Baum. Ich blieb stehen und fragte, was geschehen sei. „Diese elendige Hexe!“, klagte der Baum. „Stinkige, sporige Schimmelda! Nur weil sie über eine meiner Wurzeln stolperte, belegte sie mich zur Strafe mit einem Zauberbann. ‚Du nennst dich TANNE?‘, hat sie mich verspottet. ‚Ich zeige dir jetzt, was du für mich bist: Für mich bist du eine pelzige PANNE!‘ Und hier stehe ich und stecke wie eine Raupe im Kokon!“, fuhr der Baum fort. „Oje“, stöhnte ich. „Es gibt noch eine Chance – eine einzige Chance … wenn ich nur einen Weg finde, Schimmeldas Zauberspruch ungeschehen zu machen.“ Schwach fuchtelte der Baum mit einem Zweig. „Danke. Bitte beeile dich. Ich kann in diesem dicken Fell kaum atmen!“ „Ich werde mein Bestes geben“, versprach ich.

Schnell lief ich weiter. Längst wurde es dunkel und im Mondlicht wirkte der Zauberwald richtig gespenstisch. In mir wuchs die Angst, Schimmelda zu begegnen. Als ich an einen Fluss kam, wagte ich es dennoch, eine Rast einzulegen. Das Abendessen war schon eine Weile her und mein Bauch war so leer wie ein Napf ohne Milch. Zum Glück schwammen Fische im Fluss, und im Nu hatte ich mir einen davon geschnappt. Ich putzte gerade meine Tatzen, als ich ein unbekanntes und äußerst absonderliches Geräusch vernahm:

QUAK-QUAK. MIAU!

Ein Frosch – oder etwas Ähnliches – saß auf einem Baumstumpf und beobachtete mich. Dieser Frosch sah merkwürdig aus, denn er hatte einen Katzenschwanz und sogar Tatzen. Nachdem wir uns einander vorgestellt hatten, erklärte Wilma, die Frosch-Katze: „Ich bin die Katze von Hexe Schimmelda. Oder genau genommen war ich es bis vor ungefähr einer Stunde noch. Ich bin von ihrem Besen gestürzt, weil sie eine scharfe Kurve geflogen war. Ich fiel in den Fluss. ‚Nutzlose Katze!', keifte Schimmelda und verwandelte mich in einen Frosch. ‚Hau ab und lass dich nicht mehr blicken!', schrie sie."
Eine Träne kullerte aus Wilmas Froschaugen.

QUAK-QUAK. MIAU!

„Hm, ich glaube, es ist genug von dir als Katze übrig, um dich zurückzuverwandeln“, überlegte ich.

Ich erzählte Wilma von den Hasen-Giftpilzen und dem Tannenbaum im Fell. „Wenn ich nur wüsste, wie ich den Zauber wieder ungeschehen machen könnte …“ Aufgeregt hüpfte Wilma vom Baumstumpf. „Du brauchst ihr Zauberbuch!“, rief sie. „Darin gibt es das Kapitel *Fehler beheben und Zaubersprüche umkehren.*“ „Weißt du, wo sie es aufbewahrt?“, fragte ich. „Ja“, antwortete Wilma. „Schimmelda versteckt es nachts immer unter ihrem Kopfkissen. Sie wird jetzt schon eingeschlafen sein. Lass uns am besten gleich gehen!“

Wir eilten zu Schimmeldas Hexenhaus und fanden die Hexe tatsächlich schlafend vor. Mit zitternden Beinen schlich ich mich an ihr Bett heran. Neben ihrer Nase sah ich eine Ecke des Zauberbuches unter dem Kissen hervorschauen. Langsam, sehr langsam fuhr ich mit einer Tatze unter das Kissen und zog vorsichtig das Buch heraus. Wilma beobachtete mich angespannt, wie ich Seite für Seite auf der Suche nach dem rettenden Kapitel überflog. Und tatsächlich … da war der Zauberspruch!

Zauberspruch, um einen Bann zu lösen

(Dieser Zauberspruch wirkt noch besser, wenn er über einem kochenden Kessel gesungen wird!)

Hi-ha-hank – Ärger macht Gestank,
koche Kessel, koche Trank!
Weg mit falscher Zauberei,
Fluch, so sag ich,

SEI VORBEI!

Als ich *„SEI VORBEI!“* rief, sprang plötzlich Schimmelda aus ihrem Bett auf. Was für ein Pech! „Wie kannst du es wagen, mein Zauberbuch zu stehlen!“, keifte sie. „Gib es sofort zurück!“ Schimmelda flog auf mich zu. Sie war schnell, aber nicht schnell genug! Bevor sie mir das wertvolle Buch entreißen konnte, wich ich ihr geschickt aus. Nun ja, fast. Ihre spitzen Nägel erwischten eine Seite und rissen sie entzwei. Schimmelda setzte nach. Doch zu spät! Ich hatte ihr Zauberbuch bereits in den kochenden Hexenkessel geschleudert.
Blubber-blubber. ZISCH-ZASCH-PLOPP.

In einer rosafarbenen Rauchwolke löste es sich auf. Schimmelda schnaubte vor Wut. „Du missratene Mieze!“, fauchte sie. „Ich werde dir eine Lehre erteilen.“ Sie griff nach ihrem Zauberstab, schnappte sich die zerrissene Zauberbuchseite und sang:
„Verflucht seist du – jetzt geht’s dir schlecht –
als Fußmatte, geschieht dir recht!“

BANG!, machte es und grelle Blitze zuckten. Schimmelda schrie vor Verzweiflung. Der Zauberspruch hatte nicht richtig funktioniert, weil die Seite zerrissen war. Und so kam es, dass Schimmeldas unheilvolle Hexerei SIE für immer in eine Fußmatte verwandelte! Zum Glück hatte aber mein Umkehr-Zauberspruch bei den anderen richtig gewirkt. Hildas Hasenjungen hüpften unversehrt durch den Wald und der Baum verlor endlich sein Fell. Wilma lebte glücklich im Hexenhäuschen und genoss es, jeden Tag ihre Pfoten auf Schimmelda, der Fußmatte, abzutreten. Und ich? Ich kehrte zurück zu meinem Gemüsebeet, legte mich unter den Kohlkopf und schlief tief und fest bis zum nächsten Morgen.

HINTER DEM REGENBOGEN

Das Ende des Regenbogens

Knick-Knack und Ruck-Zuck lebten in einem Baumhaus. Ihre Wohnung bestand aus Krimskrams und Trödel, den Knick-Knack gesammelt und Ruck-Zuck zusammengebaut hatte. Es gab ein Blechdach zum Schutz vor Regen und Fenster, um den Sonnenschein hereinzulassen.

Eines Tages leuchtete ein Regenbogen über ihrem Baum. „Wie schön!“, freute sich Knick-Knack. „Man sagt, dass am Ende eines Regenbogens ein Wunsch in Erfüllung geht.“ „Oder einen etwas Wertvolles erwartet“, erzählte Ruck-Zuck. „Ein Schatz!“, jubelte Knick-Knack. „Komm, wir suchen ihn!“ „Aber wo endet der Regenbogen?“, fragte Ruck-Zuck. „Keine Ahnung“, überlegte Knick-Knack. „Aber die Suche klingt nach Abenteuer. Wir brauchen nur noch einen Leiterwagen für unser Hab und Gut.“ „So etwas haben wir nicht“, antwortete Ruck-Zuck. „Aber ich werde einen für uns bauen.“

Knick-Knack fand einige Holzbretter und zwei Reifen, die in einem Graben lagen. Ruck-Zuck nagelte die Bretter zusammen und befestigte die Räder daran. Ein großartiger Leiterwagen wurde das! Als er fertig war, packten sie alles hinein und brachen auf. Für gewöhnlich kommen und gehen Regenbogen, doch dieser hier blieb. Knick-Knack und Ruck-Zuck wechselten sich beim Ziehen des Wagens ab und folgten dem leuchtenden Bogen aus Rot, Orange, Gelb, Grün, Blau, Indigo und Violett. Schon kurz darauf trafen sie eine Maus, die wissen wollte, wohin ihre Reise gehe. „Zum Ende des Regenbogens“, antworteten sie. „Viel Glück“, wünschte ihnen die Maus. „Ich hoffe, ihr findet, wonach ihr sucht.“ Die beiden Freunde wanderten über Berg und Tal und schließlich kamen sie an die Küste. Doch sie waren vom Ende des Regenbogens noch genauso weit entfernt wie zu Beginn ihrer Suche.

„Sieh nur“, rief Knick-Knack. „Der Regenbogen zieht über das Meer. Wir brauchen ein Boot, um ihm zu folgen.“ „Wir haben kein Boot“, bemerkte Ruck-Zuck. „Aber ich kann eines bauen.“ Knick-Knack sammelte Treibholz und andere nützliche Dinge, die er am Strand fand. Ruck-Zuck band das Holz zusammen und nahm ein Stück Stoff als Segel. Als das Floß fertig war, brachten sie ihr Hab und Gut an Bord und stachen in See. Der Himmel verfärbte sich grau, doch der Regenbogen leuchtete weiter hell und klar. Plötzlich grollte in der Ferne ein Donner. „Oh nein“, riefen die beiden. „Ein Sturm zieht auf!“ Der aufkommende Wind trieb sie weit auf das raue Meer hinaus. Die Wellen schlugen höher und höher. Auf und ab, auf und ab schaukelte ihr kleines Floß. Knick-Knack und Ruck-Zuck wurden davon seekrank. Trotzdem segelten sie weiter, bis ein Wal seinen Kopf aus dem Wasser steckte und sie nach dem Ziel ihrer Reise fragte. „Das Ende des Regenbogens“, antwortete Knick-Knack schwach. „Falls wir jemals auf Land treffen“, seufzte Ruck-Zuck. „Viel Glück“, wünschte ihnen der Wal. „Ich hoffe, ihr findet, wonach ihr sucht.“

Endlich erreichten Knick-Knack und Ruck-Zuck wieder sicheres Ufer, wo sie ihr Floß festmachten. Ihre Beine zitterten noch nach der stürmischen Seefahrt, aber sie fühlten sich viel besser. Ihre Enttäuschung war dafür umso größer, weil sie dem Regenbogen noch immer nicht näher gekommen waren. „Sieh mal einer an!“, rief Knick-Knack. „Jetzt leuchtet er über dem Berg! Wir brauchen einen Heißluftballon, um dorthin zu kommen.“ „Wir haben keinen Heißluftballon“, stellte Ruck-Zuck fest. „Aber ich kann einen bauen.“ Eifrig machte sich Knick-Knack auf die Suche nach geeignetem Material für den Heißluftballon. Wie es der Zufall so wollte, fand er einen herrenlosen Picknickkorb mit Tellern, Tassen und einer dünnen Tischdecke. Ruck-Zuck hatte sofort eine Idee, was er daraus machen konnte. Er nahm das Tau vom Floß, band damit die Tischdecke am Korb fest und formte daraus die Ballonhülle. Dann legte er dünne Zweige in eine Tasse und entfachte ein Feuer. Langsam füllte die aufsteigende Wärme den Ballon mit heißer Luft.

Schließlich luden Knick-Knack und Ruck-Zuck ihr Hab und Gut ein und hoben ab. Immer höher und höher stieg der Ballon, bis zum Regenbogen. „Ohhh!“, staunte Knick-Knack, als sie in einen wirbelnden Schleier aus Rot, Orange und Gelb schwebten. „Ahhh!“, jubelte Ruck-Zuck, als sie durch einen Streifen aus Grün, Blau, Indigo und Violett zogen. Sie ritten auf einer einzigen prächtigen Farbenwolke, bis sie hinter den Berg kamen. Doch das Ende des Regenbogens war noch immer nicht in Sicht. Er schien endlos zu sein! Knick-Knack und Ruck-Zuck überlegten, was zu tun sei, als ein Adler an ihnen vorbeiflog: „Wohin des Weges?“

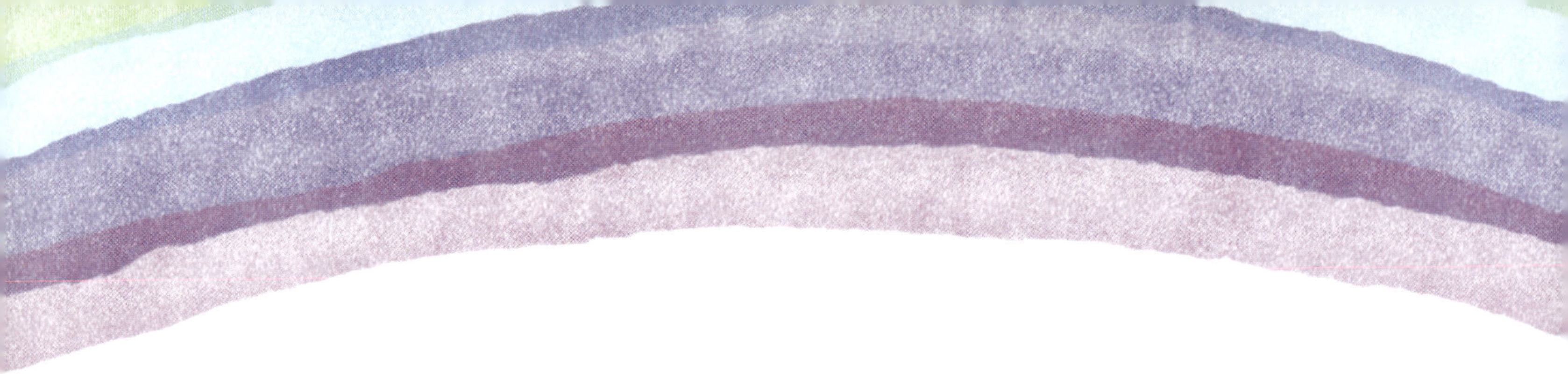

„Wir suchen nach dem Ende des Regenbogens“, antworteten sie. „Viel Glück“, wünschte der Adler. „Ich hoffe, ihr findet, wonach ihr sucht.“ Doch kurz darauf erlosch das Feuer. Die Luft in der Hülle kühlte ab und der Ballon begann zu schrumpfen. „Oh nein!“, schrie Knick-Knack. „Halt dich gut fest, wir stürzen ab“, rief Ruck-Zuck. Doch nichts dergleichen geschah. Stattdessen schwebte der Ballon sacht über den Regenbogen – zurück über das Meer, über Berg und Tal und die Straße, auf der ihre Reise begonnen hatte. *Rums!* Sanft landeten sie neben ihrem Baumhaus. Überrascht sprangen Knick-Knack und Ruck-Zuck aus dem Korb.

„Also HIER endet der Regenbogen!“, rief Knick-Knack. „Na ja, mal ehrlich, wer will denn schon einen Schatz?“, fragte Ruck-Zuck. „Alles, was wir brauchen, haben wir hier.“ Sie waren sich einig, dass ihr Zuhause genau das war, wonach sie gesucht hatten. Deshalb beschlossen sie, nie mehr einem Regenbogen nachzujagen.

Ein unvergesslicher Urlaub

Franka lebte mit ihren Eltern und ihrem Hund Oskar in der Stadt. Seit sie den verspielten Mischling aus einem Tierheim zu sich geholt hatten, waren Franka und Oskar unzertrennlich.

Als Frankas Mutter Anne eine Reise ankündigte, war Frankas erste Frage: „Kann Oskar auch mit?“ Mit großen Augen sah Oskar zu Franka auf und wedelte eifrig mit dem Schwanz. „Er wird bestimmt brav sein!“, versprach Franka und knuddelte Oskar. „Er kann schließlich nichts dafür, dass er bei lauten Geräuschen erschreckt. Wohin fahren wir eigentlich?“ „Wir haben ein kleines Häuschen auf dem Land gemietet“, antwortete Anne. Franka stöhnte. „Auf dem Land ist doch nichts los. Sooo langweilig!“ In diesem Moment klingelte Annes Telefon. Sofort ging sie ran. „Ich bin schon unterwegs“, sagte sie. Franka war es gewohnt, dass ihre Eltern zu den unmöglichsten Tages- und Nachtzeiten das Haus verließen. Ihre Mutter war Bereitschaftssanitäterin, bei einem Notfall musste sie sofort los zur Unfallstelle. Sie fuhr ein eigens dafür ausgestattetes Motorrad und konnte sich damit schneller durch dichten Verkehr bewegen als ein Krankenwagen. Frankas Vater Peter war ein viel beschäftigter Kriminalbeamter bei der örtlichen Polizei. *Kein Wunder, dass die beiden einen ruhigen Urlaub auf dem Land verbringen möchten*, dachte Franka.

Die Fahrt zum Ferienhaus dauerte lange und Frankas Eltern wechselten sich beim Fahren ab. Franka starrte aus dem Autofenster; Straßen, Geschäfte, Hochhäuser, Reihenhäuschen und Fabriken zogen an ihr vorbei. Allmählich wichen sie Dörfern, Feldern und Wäldern. Oskar schlief fast die ganze Fahrt über. Als sie am Ziel ankamen, war es schon spät. Es goss in Strömen und war zu dunkel, um irgendetwas zu erkennen. Nach einem schnellen Abendessen gingen alle erschöpft ins Bett.

Am nächsten Morgen wurde Franka von Oskars Winseln geweckt, der hinauswollte. Sie ging mit ihm nach unten und öffnete ihm die Tür. Es hatte aufgehört zu regnen, aber überall standen Pfützen. Franka zog ihre Stiefel an und ging mit Oskar nach draußen. Sie trug noch ihren Schlafanzug. Oskar landete geradewegs in der nächsten Wasserlache und bellte wie verrückt. Besorgt kamen Peter und Anne aus dem Haus gestürzt, um nach dem Rechten zu sehen. „Es ist noch so früh", gähnte Anne. „Wir dachten eigentlich, wir sind im Urlaub!" Doch Franka hörte nicht hin. Sie hatte etwas Wunderbares entdeckt. „Mama, Papa, schaut mal! Hier gibt es Esel. So viele Esel!" „Oh, haben wir das nicht erzählt?", fragte ihr Vater. „Wir haben das Häuschen ausgesucht, weil es neben einem Schutzzentrum für Esel steht. Nach dem Frühstück schauen wir dort vorbei." Voller Vorfreude lächelte Franka.

Nachdem sie gefrühstückt hatten, gingen Franka und ihre Eltern zu Ruth, der Landwirtin, die auch das *Regenbogen-Schutzzentrum für Esel* leitete. „Du bist aber ein Lieber“, sagte sie zu Oskar. „Und du trägst ein schönes Halsband mit Leine. Genau richtig. Am besten leint man Hunde in der Nähe von Bauernhoftieren nämlich an, vor allem hier bei unseren Eseln.“ Sie führte Franka und ihre Eltern in einen Hof. Dort standen auf den Stalltüren die Namen der Tiere: „Krümel, Flora, Stups und Mona“, las Franka laut. „Für gewöhnlich kommen unsere Neuzugänge am Anfang in die Stallungen“, erklärte Ruth, „bis sie bereit sind, zu den anderen hinauszugehen. Einige Esel sind in einem miserablen Zustand, wenn sie hier ankommen. Menschen können so grausam sein …“ „Ich weiß!“, rief Franka entrüstet. „Oskar wurde als Welpe auch schlecht behandelt. Wir haben ihn aus einem Tierheim geholt.“ „Jetzt ist er ein glücklicher Hund“, lächelte Ruth. „Man spürt, dass du Tiere liebst.“ „Ich möchte später einmal Tierärztin werden“, antwortete Franka. „Ich bin sicher, aus dir wird eine besonders gute“, meinte Ruth. „Unsere Tierärztin Nina kommt morgen, um nach Flora zu sehen. Sie frisst nicht genug. Möchtest du Nina morgen bei der Arbeit über die Schulter schauen?“ „Au ja!“, freute sich Franka.

KRÜMEL
STUPS

Die Woche verging wie im Flug und Franka konnte es kaum glauben. Es gab immer so viel zu tun. Franka fütterte die Esel, mistete die Ställe aus und striegelte die Tiere. Ruth brachte ihr außerdem einiges über Esel bei. „An den Ohren eines Esels siehst du, wie er sich fühlt“, erklärte sie. „Flora wird zum Beispiel gerne gebürstet, und ich bin so erleichtert, dass sie wieder normal frisst. Nina hat herausgefunden, was ihr gefehlt hat.“

Am letzten Urlaubstag tuckerte Ruths Sohn Daniel, der für die Bauernhoftiere zuständig war, auf seinem großen roten Traktor vorbei. Oskar bellte aufgeregt. Franka hielt ihn fest an seiner Leine. „Daniel fährt zu schnell!“, seufzte Ruth. „Ich habe ihn vorhin schon gebeten, langsamer zu machen.“ Der Traktor hatte einen riesigen Heuballen geladen. „Der ist für unsere Milchkühe“, erklärte Ruth. „Manchmal gibt es nicht genug Gras für sie. Deshalb füttern wir zusätzlich noch Heu. Außerdem haben wir Schafe und freilaufende Hühner. Komm, lass uns doch ein paar Eier sammeln, die kannst du dann für dich und deine Eltern mitnehmen.“

Als Franka mit den Eiern auf dem Rückweg zu ihrem Ferienhäuschen war, begann es aus heiterem Himmel zu regnen. Plötzlich zuckte ein Blitz. Oskar begann ängstlich zu winseln. RUMS – da krachte auch schon der Donner. Panisch riss der Hund sich mit der Leine von Franka los und ergriff die Flucht. Dabei fielen Franka die Eier aus der Hand. *Flatsch! Krack! Platsch!* „Kümmere dich nicht um die Eier", rief Anne, die ihr gerade entgegenkam. „Schau nach Oskar!" Franka stürzte los, ihre Eltern folgten ihr. Franka holte den panischen Hund auf dem Feld ein, wo Daniel gerade die Kühe versorgt hatte und nun einen Hang hinunterfuhr. Entsetzt bemerkte Franka, wie er dabei die Kontrolle über den Traktor verlor. Das Fahrzeug geriet ins Rutschen, kippte und landete auf dem Dach. Oskar kroch zu Franka und zitterte vor Angst. „Alles ist gut", beruhigte sie ihn und schnappte schnell nach der Leine. Dann rannte sie zu dem Traktor.

„Daniel ist eingeklemmt!“, rief Franka.
Anne erkannte, dass Daniel sich einen Arm und ein Bein gebrochen hatte. „Wir brauchen einen Rettungshubschrauber“, wandte sie sich an ihren Mann. Peter wählte den Notruf und benachrichtigte anschließend Daniels Mutter Ruth. Franka sah den Helikopter als Erste. Das Dröhnen war ohrenbetäubend, während der Pilot landete. „Wir möchten nicht, dass du wieder ausbüxt!“, sagte Franka zu Oskar und hielt ihn besonders gut fest. „Na ja“, widersprach ihr Vater. „Ausnahmsweise hatte es etwas Gutes, dass Oskar Reißaus genommen hat. Sonst hätten wir Daniel nicht so schnell gefunden.“ In Frankas Bauch kribbelte es vor Stolz. Daniel wurde auf eine Trage gelegt und vorsichtig in den Hubschrauber befördert. „Danke, Franka!“, murmelte er. „Du hast mir das Leben gerettet.“

Am nächsten Morgen verabschiedeten sich Franka und ihre Eltern von Ruth und erkundigten sich noch nach Daniel. „Er wird gut versorgt", berichtete Ruth. „Aber es wird Wochen dauern, bis er wieder Traktor fahren kann." „Und wer sagt da noch, auf dem Land sei nichts los?", fragte Anne. Franka rollte mit den Augen.

„Ist ja gut, Mama“, gab sie zu. „Du hast ja recht!“ Dann ging sie zu Flora hinüber, um auch ihr Lebewohl zu sagen. „Ich werde dich ganz schön vermissen“, flüsterte sie und streichelte die weiche graue Nase des Esels. „Hier!“, sagte Ruth und gab Franka ein kleines Päckchen. „Ich habe etwas für dich, das dich an sie erinnern wird.“ Es war ein gerahmtes Foto von Flora. Auf einer Urkunde, die Ruth beigelegt hatte, stand, dass Franka den Esel adoptiert hatte. „Mit der Spende deiner Eltern konnte Flora von dir adoptiert werden“, erklärte Ruth. „Das Geld brauchen wir, um für sie und die anderen Esel zu sorgen, die wir hier betreuen. Ihr Unterhalt kostet eine Menge, und auch die Tierarztrechnungen können wir dank eurer Hilfe bezahlen.“ Franka war so glücklich, dass ihr die Worte fehlten. Doch Ruth verstand sie auch so, denn ihr Lächeln war Antwort genug.

Und auf der Heimfahrt verkündete Franka: „Das war der beste Urlaub meines Lebens. Ich kann es kaum erwarten, wieder hierher zurückzukommen!“

Eier vom Bauernhof

EINE hübsche Henne lebt in einem Stall,
sie verteilt die Eier einfach überall!
ZEHN liegen im Garten,
NEUN im Schweinemist,
ACHT neben der Eiche, wo ein Bächlein fließt.
SIEBEN sind's beim Traktor,
SECHS da vorn im Stroh,
FÜNF im Feld der Lämmchen, wo sie spielen froh.
VIER siehst du im Kuhstall,
DREI an einem Tor,
ZWEI bei einem Schäferhund:
Bitte sieh dich vor!
EIN Ei, braun und ganz allein,
liegt abseits vom Rest –
im Stall der hübschen Henne dort,
geschützt in ihrem Nest.

Habe ich euch schon von den wirbelnden Wanzen erzählt?
Ooh, lästige Dinger, diese Bettwanzen!
Kommt, wir suchen nach dieser Geschichte!

Wirbelnde Wanzen

Es waren einmal ein paar Wanzen, die für ihr Leben gern durch die Gegend wirbelten. Besonders gern turnten sie in Betten herum.

Montagnacht besuchten die Wanzen Benni, den Bäcker. Er musste jeden Morgen früh aufstehen, um Brot zu backen. Doch in dieser Nacht …

… wirbelten die Wanzen auf dem Kopf
und kitzelten die Zehn,
begannen vergnügt auf Kinn
und Nase sich zu drehn!

Bäcker Benni bekam die ganze Nacht kein Auge zu. Am Morgen war er dann viel zu müde zum Brotbacken. Hungrig und mit leeren Händen gingen seine Kunden wieder nach Hause. Wütend schüttelte Bäcker Benni die Wanzen von seiner Decke und rief: „Nein, nein, nein! Nicht in MEINEM Bett. Verschwindet!“

Dienstagnacht besuchten die wirbelnden Wanzen Pippa, die Polizistin. Sie war am nächsten Tag als Verkehrspolizistin zum Faschingsumzug eingeteilt. Doch in dieser Nacht …

… wirbelten die Wanzen auf
dem Kopf und kitzelten die Zehn,
begannen vergnügt auf Kinn und
Nase sich zu drehn!

Pippa verbrachte eine furchtbare Nacht und kam zu spät zum Dienst. Beim Faschingsumzug kam es ohne Pippas Anweisungen zu einem stundenlangen Verkehrschaos. Und so schüttelte Polizistin Pippa die Wanzen von ihrer Decke und rief: „Nein, nein, nein!
Nicht in MEINEM Bett.
Verschwindet!“

Mittwochnacht besuchten die Wanzen Anton, den Arzt. Viele Patienten hatten am nächsten Tag einen Termin bei ihm. Doch in dieser Nacht …

… wirbelten die Wanzen auf dem Kopf
und kitzelten die Zehn,
begannen vergnügt auf Kinn
und Nase sich zu drehn!

Arzt Anton wälzte sich unruhig im Bett hin und her und kam zu spät in seine Praxis. Seine kranken Patienten mussten lange warten und waren nicht besonders erfreut darüber. Deshalb schüttelte Arzt Anton die Wanzen von seiner Decke und rief:
„Nein, nein, nein! Nicht in MEINEM Bett. Verschwindet!“

Donnerstagnacht besuchten die Wanzen Bea, die Busfahrerin. Sie fuhr jeden Tag die Kinder in die Schule. Doch in dieser Nacht …

… wirbelten die Wanzen auf
dem Kopf und kitzelten die Zehn,
begannen vergnügt auf Kinn
und Nase sich zu drehn!

Busfahrerin Bea konnte zuerst stundenlang nicht einschlafen, und als es ihr endlich gelang, verschlief sie am nächsten Morgen. Die Kinder kamen zu spät in den Unterricht, was die Lehrer sehr verärgerte. Darum schüttelte Busfahrerin Bea die Wanzen von ihrer Decke und rief: „Nein, nein, nein! Nicht in MEINEM Bett. Verschwindet!"

Freitagnacht besuchten die Wanzen Paul, den Postboten. Er musste am nächsten Tag bergeweise Briefe austragen. Doch in dieser Nacht …

… wirbelten die Wanzen auf dem Kopf
und kitzelten die Zehn,
begannen vergnügt auf Kinn
und Nase sich zu drehn!

Sie hinderten Postbote Paul die ganze Nacht am Schlafen und bei der Arbeit steckte er übermüdet die Briefe in die falschen Briefkästen. Deshalb schüttelte Postbote Paul die Wanzen von seiner Decke und rief: „Nein, nein, nein! Nicht in MEINEM Bett. Verschwindet!"

Am Samstag flogen die Wanzen los und suchten nach einer neuen Bleibe. In dieser Nacht landeten sie bei Pia, der Parkaufseherin. Pia musste früh aufstehen, um den Park zu öffnen. Doch in dieser Nacht …

… wirbelten die Wanzen auf dem Kopf
und kitzelten die Zehn,
begannen vergnügt auf Kinn
und Nase sich zu drehn!

Parkaufseherin Pia konnte keine Minute schlafen und öffnete am Sonntagmorgen viel zu spät die Tore. Auch sie schüttelte die Wanzen von ihrer Decke und rief: „Nein, nein, nein! Nicht in MEINEM Bett. Ver-!“ Sie hielt inne. Parkaufseherin Pia kam eine geniale Idee. „Was ihr braucht“, sagte sie zu den Wanzen, „ist euer eigener Platz zum Wirbeln und Hüpfen. Ich habe da vielleicht genau das Richtige für euch.“

Am Sonntagnachmittag lief sie zu ihrem Schuppen und zog ein altes Trampolin heraus. Es hatte ihren Kindern gehört und war seit Jahren nicht mehr benutzt worden. Pia schob es nach hinten in ihren Garten. „Hier. Darauf könnt ihr Wirbelwinde ungestört toben und plagt niemanden mehr.“ Und tatsächlich: Die Wanzen LIEBTEN es.

Sie hüpften und wirbelten wild hin und her,
auf Dach oder Baum, und das war gar nicht schwer!
Sie schafften es hoch bis zum Mond, welch ein Glück!
Und kehrten am Mittag nach Hause zurück.

„Was für eine großartige Idee!", freuten sich alle, als Pia ihnen die Neuigkeit berichtete. „Jetzt können wir nachts endlich wieder ungestört schlafen." Und von diesem Tag an kamen Benni, der Bäcker, Pippa, die Polizistin, Anton, der Arzt, Bea, die Busfahrerin, Paul, der Postbote, und Pia, die Parkaufseherin, nie mehr zu spät zur Arbeit.

Bruno und die einsame Riesin

Eines Tages saß ich neben dem Geschichtenbaum, als ich plötzlich schwere Schritte hörte.

BUM, BUM, BUM!

Der Boden unter mir wackelte. Jemand hatte große, schlammige Fußabdrücke hinterlassen, und ich wollte unbedingt wissen, wer das gewesen war. Ich entschied mich, der Spur zu folgen. Ich war noch nicht weit gekommen, als ich Maulwurf begegnete. „Sieh nur, was der rücksichtslose Riese angerichtet hat“, klagte Maulwurf. „Trampelt einfach über meinen Maulwurfshügel und zerstört meinen Tunnel.“ „Hast du den Riesen gesehen?“, fragte ich. „Nicht genau“, überlegte Maulwurf. „Ich hörte ein Stampfen, deshalb versteckte ich mich unter der Erde. Es wird erzählt, der Riese habe ein furchtbares Gemüt und brülle wie ein Stier.“ „Das hört sich ja schrecklich an“, sagte ich. Doch ich war noch immer neugierig darauf, den Riesen einmal selbst zu Gesicht zu bekommen. Während sich Maulwurf an einen neuen Tunnel machte, ging ich los und setzte meine Suche fort. Die Fußabdrücke waren gigantisch.

Sie führten geradewegs zu einem Fluss, an dem ich Ente traf. Sie war in heller Aufregung.

Quack, quack, quack!

„Der Riese hat die Brücke zerstört“, schnatterte sie. „Kein Wunder! Schuhe so groß wie ein Kahn.“ „Hast du den Riesen gesehen?“, fragte ich. „Nein“, antwortete Ente. „Ich habe mich im Schilfrohr versteckt. Jeder weiß doch, dass Riesen uns Enten gerne zum Abendessen verspeisen. Manchmal zehn auf einmal!“ Ich bemerkte, dass an der Brücke ein paar Backsteine beschädigt waren – doch es war keineswegs so schlimm, wie es Ente geschildert hatte, darum ging ich rasch weiter.

Die Spur des Riesen führte in einen Wald, wo ich Eichhörnchen traf. Seine Zähne klapperten vor Angst. „Ich b-b-bin froh, noch am Leben zu sein, Bruno“, stotterte es. „Ich wäre beinahe von dem Riesen gefangen worden. Hände so groß wie Häuser, weißt du.“ „Ah, du hast ihn also gesehen?“, fragte ich. „Beinahe“, antwortete Eichhörnchen. „Als ich den Krach hörte, habe ich mich sofort versteckt. Man kann nicht vorsichtig genug sein.“

BUM, BUM, BUM!

Ich hörte den Riesen irgendwo weiter vor mir durch den Wald stampfen. Und mit jedem polternden Schritt erzitterte der Boden unter meinen Bärentatzen. Ich holte auf …

Plötzlich flog mir Eule vor die Nase. Es war offensichtlich, dass der Riese ihre Federn zerzaust hatte. „Puh!“, stöhnte Eule. „Das war knapp.“ *Endlich!*, dachte ich. *Endlich jemand, der den Riesen gesehen hat!* Doch ich irrte mich. „Oh, keine Ahnung, wie er aussieht“, meinte Eule. „Ich bin ja nicht blöd! Ich flog in allerletzter Minute davon, als ich diese Schritte hörte. Man erzählt sich, dass der Riese hundert Vögel auf einmal verschlingen kann!“ Selbst diese beunruhigende Nachricht schreckte mich nicht von meinem Vorhaben ab. Im Gegenteil, meine Neugierde auf den Riesen wuchs! Außerdem schien jeder etwas über ihn zu wissen, außer mir! Während ich eilig der Spur folgte, fragte ich mich, ob die Geschichten überhaupt der Wahrheit entsprachen. Wenn bisher wirklich niemand den Riesen gesehen hatte, woher sollten sie das alles dann über ihn wissen? Gewissenhaft ging ich den Fußabdrücken nach und achtete nicht auf die Umgebung, als ich – *autsch!* – in jemanden hineinlief, der mir den Weg versperrte.

Zuerst hielt ich es für einen Kartoffelsack. Einen gigantischen Kartoffelsack! Ich wollte ihn beiseiteschieben, doch er rührte sich nicht von der Stelle. Da begann es zu regnen – so dachte ich zumindest – und aus den Wassertropfen bildeten sich um meine Tatzen herum Pfützen. Verwundert blickte ich nach oben. Und da sah ich den Kopf eines Mädchens. Den Kopf eines Riesenmädchens! Schluchzend saß es vor mir auf dem Weg. Ich spürte sofort, dass es unglücklich war, also holte ich tief Luft und rief zu ihm hoch: „Hallo, ich bin Bruno. Was ist passiert?“ Das Riesenmädchen hob erstaunt den Kopf und hörte auf zu weinen. Dann putzte es sich so heftig die Nase, dass der Luftstrom mein Fell zerzauste. „Du hast keine Angst vor mir?“, schniefte es. „Jeder hat das. Sie verstecken sich alle, wenn sie mich nur kommen sehen.“ „Ähm, sie denken, du willst sie fressen, glaube ich“, erwiderte ich. „Igitt! Nie und nimmer!“, widersprach das Riesenmädchen entrüstet. „Ich bin Vegetarierin. Ich könnte keiner Fliege etwas zuleide tun, geschweige denn sie essen. Ich möchte Freundschaft schließen, aber niemand gibt mir eine Chance. Riese zu sein, macht ganz schön einsam.“ „Wie heißt du?“, fragte ich. „Rosalie“, antwortete das Riesenmädchen. „Willst du mein Freund sein, Bruno?“ „Ja“, sagte ich. „Warte hier, ich werde den anderen Bescheid geben.“

Maulwurf, Ente, Eichhörnchen und Eule waren überrascht, als ich ihnen von Rosalie erzählte. Jetzt wollten sie ebenfalls ihre Freunde werden. „Kommt, wir richten für Rosalie eine Überraschungsparty aus!", schlug ich vor. Die Neuigkeit über das Riesenmädchen verbreitete sich wie ein Lauffeuer, nur dieses Mal entsprachen die Geschichten der Wahrheit. Jeder, der bei der Feier erschien, konnte erkennen, wie freundlich Rosalie war. Sie achtete darauf, auf niemanden zu treten – sie hatte wirklich sehr große Füße –, und ließ jeden für einen Blick aus schwindelerregender Höhe auf ihren Schultern reiten. Auf diese Weise fand das Riesenmädchen Rosalie viele Freunde und war nie wieder in ihrem Leben einsam und allein.

AM MEER

Die Pop-Piraten

Pelle Ohnefurcht lebte mit seiner Zwillingsschwester Milla Ohnefurcht auf einem Piratenschiff, der mächtigen Molluske. Mama und Papa waren Piraten. Onkel Rotbart war Pirat. Und in jüngeren Jahren galt Omi Ohnefurcht als die gefährlichste Piraten-Lady der sieben Weltmeere. Es überrascht also nicht, dass von allen erwartet wurde, dass auch Pelle Pirat wurde. Genau das war sein Problem, denn Pelle hatte andere Pläne. Doch seine Eltern waren zu beschäftigt, als ihm einmal richtig zuzuhören.

AM MEER

Eines Tages, als Pelle und Milla Omi Ohnefurcht besuchten, schüttete Pelle ihr sein Herz aus. „Ich mag kein Pirat sein", sagte er. „Ich will Popstar werden. Gitarre spielen. In einer Band singen."

Omi Ohnefurcht war schockiert. Ihr Gesicht bekam Flecken und nahm einen seltsam violetten Farbton an.

„Beim krummen Kraken!!", fluchte sie. „Die Ohnefurchts sind Piraten. Keine Popsänger! Du wirst niemals zu Reichtum gelangen, indem du auf einer Gitarre zupfst! Hör auf meinen Rat, Pelle. Streng dich an und werde ein richtiger Pirat wie deine erbarmungslose alte Omi. Ich habe ein Vermögen mit Plünderungen gemacht."

Sie öffnete ihre Tasche und gab den Zwillingen zwei glänzende Silbermünzen. „Setzt sie klug ein", riet sie ihnen. Dann wandte sie sich wieder an Pelle: „Arbeite hart in der Schule. Vergiss den Quatsch mit der Band."

Doch Pelle konnte es nicht. Am nächsten Tag auf dem Weg zur Piratenschule fragte er Milla, was er tun solle. Seine Schwester überlegte kurz: „Wir singen immer die gleichen alten Seemannslieder im Unterricht. Warum schreibst du nicht etwas Neues? Ein Pop-Seemannslied. Ich helfe dir, wenn du willst.“ „Du bist ein Genie!“, freute sich Pelle. Vor Aufregung konnte er sich später nicht mehr konzentrieren. Er war an diesem Schultag Klassenletzter beim:

Kartenlesen,

Deckschrubben und

Hissen der Piratenflagge.

Seine Lehrerin Fräulein Fischgräte stampfte verzweifelt mit ihrem Holzbein auf. „Aus dir wird niemals ein echter Pirat, Pelle“, schimpfte sie. Und genau das hatte Pelle hören wollen. In der letzten Stunde am Freitag stand Singen auf dem Plan. Die Schüler stellten sich auf, während Fräulein Fischgräte auf dem Klavier herumklimperte. Sie sangen schrecklich schief. „Stopp! Stopp!“, schrie sie. „Geht nach Hause und übt das ganze Wochenende. Am Montag findet unser Konzert statt. Eure Familien wollen SCHÖNE Musik hören!“ „Du könntest unser neues Lied auf dem Konzert vortragen, Pelle“, schlug Milla auf dem Heimweg vor. „Doch zuerst brauchst du eine Gitarre.“ „Morgen kaufe ich eine“, beschloss Pelle.

DIE POP-PIRATEN

Am nächsten Tag wurden die Zwillinge von lauten Rufen geweckt. „Jemand hat unsere Schatzkarte gestohlen", tobte Papa Ohnefurcht. „Ich wette, es war der fiese Pirat Barschgesicht", schrie Mama Ohnefurcht. „Wir müssen Barschgesicht schnappen, bevor er unser Gold findet", stöhnte Papa. „Ihr könnt später zu Omi Ohnefurcht gehen", schlug Mama den Zwillingen vor. „Spätestens heute Nachmittag zum Tee. Kommt nicht zu spät." Als ihre Eltern die Segel setzten, schlichen sich Pelle und Milla zum Musikladen am Hafen. Pelle entschied sich für eine leuchtend rote Gitarre. „Ich wollte immer schon Schlagzeug spielen", meinte Milla und betrachtete sehnsüchtig ein Schlagzeug. „Und jede Popband braucht ja einen Schlagzeuger." „Großartig", fand Pelle. „Was meinst du: *Pop-Piraten* wäre ein guter Name für uns, oder?" Sie bezahlten die Instrumente mit Omi Ohnefurchts Silbermünzen. „Wir müssen noch irgendwo üben", überlegte Milla. „In der Nähe von Omi Ohnefurcht gibt es eine Höhle", schlug Pelle vor. „Vor langer Zeit wurde sie von Schmugglern genutzt. Wäre das was?" „Perfekt", antwortete Milla. Die Höhle war riesig. *„Jo-ho-ho!"*, sang Pelle und seine Stimme hallte als Echo wider. *Jo-ho-ho-hooooo!*

Pelle zupfte die Saiten seiner Gitarre und Milla trommelte auf dem Schlagzeug. Gemeinsam komponierten sie ihr erstes Lied. Doch gerade als sie zu Omi Ohnefurcht aufbrechen wollten, hörten sie schroffe Stimmen durch die Höhle dröhnen. Mit klopfendem Herzen versteckten sich die Zwillinge hinter einem Holzfass. „Hier hinein, meene Männer“, grölte es. „Aye, aye Käpt’n!“, kam als Antwort. „Pack mal mit an“, rief ein Dritter. „Die Kiste is’ schwer!“ „Weil sie voller Gold is’!“, erwiderte die erste Stimme. „Ich hab euch ja gesagt, dass Ohnefurchts Karte uns zu ’nem Schatz führen würde.“ „Barschgesicht!“, entfuhr es Pelle. „Schschsch!“, zischte Milla. Doch zu spät! Pelles Echo hallte in der Höhle wider. *Bar-Bar-Barschgesiiiiicht!*
„Potz Blitz!“, knurrte Barschgesicht und trat wütend gegen das Holzfass. „Wer ist da?“ In diesem Augenblick entdeckte er Pelle und Milla, die vor Angst zitterten. „Aha!“, tönte er zu seiner Crew gewandt. „Sieht so aus, als hätten wir ein paar Störenfriede hier. Schnell. Fesselt sie.“

Pelle und Milla mussten dabei zusehen, wie Barschgesicht und seine Leute um ein Lagerfeuer saßen, Rum tranken und Muscheln aßen. Achtlos warfen die Piraten die leeren Muschelschalen weg und eine landete genau neben Milla. Es gelang ihr, mit einer Hand danach zu greifen und mit dem scharfen Schalenrand die Fesseln durchzuschneiden. Endlich waren sie frei. Inzwischen hatte der viele Rum die Piraten schläfrig gemacht und sie legten sich für ein Nickerchen in den Sand. Die Zwillinge witterten ihre Chance zur Flucht. „Bereit?", flüsterte Pelle. Milla nickte. „Los!"

„Hurra!“, jubelten Pelle und Milla. Irgendwie schafften sie es, Schatzkiste, Gitarre und Schlagzeug zurück zu Omi Ohnefurchts Haus zu schleppen. Bei einem leckeren Abendessen mit Backfisch und Bratkartoffeln erzählten die Zwillinge ihrer Großmutter von ihrer Popband. „Hm-hm“, grummelte Omi Ohnefurcht. Doch dieses Mal zwinkerte sie.

Als Omi Ohnefurcht wenig später ihre Geschichte hörte, schnappte sie ein Entermesser. „Ich werde Barschgesicht eine Lektion erteilen. Folgt mir!“ Sie stürmten über den Strand und im Mondlicht erschien die gefährlichste Piraten-Lady der sieben Weltmeere wie eine geisterhafte Figur. Käpt'n Barschgesicht widerfuhr der größte Schrecken seines Lebens. „Aaaarh!“, schrie er. „Vergesst den Schatz, Männer. Rennt um euer Leben. RENNT!“ „Auf Nimmerwiedersehen“, rief Omi Ohnefurcht ihnen hinterher. „Lasst euch hier nie wieder blicken!“

Am Sonntagmorgen zeigte Omi Ohnefurcht Pelle und Milla, wie man Flaggensignale sendet, um ihren Eltern auf See mitzuteilen, dass daheim alles wieder in Ordnung war.

Wir haben den Schatz.

Bis später.

Alles Liebe und Küsschen.

Pelle und Milla

Danach probten sie für das Konzert, bis Mama und Papa sie abholten. Ihre Eltern erschraken furchtbar, als sie erfuhren, dass Käpt'n Barschgesicht ihre Kinder gefangen genommen hatte. „Ihr habt den Schatz gerettet", lobte sie Papa Ohnefurcht. „Wir sind sehr stolz auf euch", ergänzte Mama. „Ja, sie waren sehr mutige kleine Piraten", bestätigte Omi Ohnefurcht.

Am Tag des Schulkonzerts saß die gesamte Familie Ohnefurcht in der ersten Reihe und sang die wilden Seemannslieder mit. Doch als Pelle und Milla ihren Popsong vortrugen, begann das Publikum begeistert zu klatschen, zu jubeln und „Zugabe!“ zu rufen. Sogar Fräulein Fischgräte wippte mit ihrem Holzbein im Takt dazu. Die Pop-Piraten gefielen allen am besten.

Piraten, mutige und coole,
kommt in unsere Schule!
Setzt die Segel, singt Jo-ho!
Schätze heben macht uns froh!
Kommt, Piraten, gebt das Beste,
holt mit uns die goldne Kiste.
Die Band spielt euren Lieblingshit,
kommt und tanzt jetzt alle mit!

DIE POP-PIRATEN

Vor dem Schlafengehen dachte Pelle an all die aufregenden Dinge, die geschehen waren. Er war verwirrt, was er nun lieber werden wollte. Popstar oder Pirat? „Es macht ja Spaß, Pirat zu sein", erzählte er seiner Mama schläfrig. „Besonders, wenn Omi Ohnefurcht dabei ist. Aber ich spiele auch gerne in einer Band." „Vielleicht könntest du beides machen?", überlegte Mama. „Und du auch, Milla?" „Jaaa!", jubelten Pelle und Milla und reckten die Faust. „Pop-Piraten für immer!" „Ich bin froh, dass das endlich geklärt ist!", lachte Papa. „Gute Nacht, kleine Pop-Piraten. Schlaft gut!"

Zwanzig Muscheln am Strand

20 Zwanzig Muscheln sind am Strand zu sehen.
19 Neunzehn Fähnchen, die am Kiosk wehen.
18 Achtzehn Fische schwimmen im Meer.
17 Siebzehn Möwen krächzen gar sehr.
16 Sechzehn Krebse krabbeln am Ufer entlang.
15 Fünfzehn Wellen rauschen heran.
14 Vierzehn Schildkröten kriechen ins Meer.
13 Dreizehn Kokosnüsse sind reif zum Verzehr.
12 Zwölf kleine Kajaks paddeln geschwind.
11 Elf bunte Drachen fliegen im Wind.

10 **Zehn** kleine Tümpel säumen den Weg.

9 **Neun** Sandburgen stehen da drüben am Steg.

8 **Acht** Surfbretter warten nach Ebbe auf Flut.

7 **Sieben** Netze mit Fischen liegen im Boot.

6 **Sechs** Bälle kullern munter im Sand.

5 **Fünf** kleine Schwimmer halten die Hand.

4 **Vier** Delfine springen vor Freude.

3 **Drei** Jachten hissen die Segel schon heute.

2 **Zwei** leckere Waffeln mit Eis schmelzen schnell.

1 **Ein** hoher Leuchtturm scheint weit und ganz hell.

Dodo und das rasend-rollende Ei

Eines Tages planschte ich gerade vergnügt im Meer, als ich zu meiner Überraschung ein Ei entdeckte. Es war an den Strand gespült worden und grün-und-blau-und-rund-wie-ein-Ball-gepunktet-gestreift-und-gezackt-überall.

Plötzlich kullerte das Ei los und rollte rasant davon – und ich spurtete ihm hinterher! Ben Beißerchen und Lilli Locke beobachteten uns. Die beiden wollten das Ei für ihr Fußballspiel und rannten uns sofort nach.

Kurz darauf kullerte das Ei zum Strandcafé, in dem Chefin Charlotte gerade Pfannkuchen zubereitete. Nachdem sie einen Blick auf das Ei geworfen hatte – grün-und-blau-und-rund-wie-ein-Ball-gepunktet-gestreift-und-gezackt-überall –, kam ihr eine Idee. Sie schrie: „Halt! Ich brauche unbedingt noch ein Ei für meinen Pfannkuchenteig!“ Nun verfolgte auch sie das Ei. Wir rannten dem rasend-rollenden Ei bis zum Hafen nach, wo Fischer Finn in seinem Boot saß. Als er das Ei sah – grün-und-blau-und-rund-wie-ein-Ball-gepunktet-gestreift-und-gezackt-überall –, lachte er: „Na so was!“ Und ruckzuck fing er es mit seinem Kescher. „Wem gehört das Ei?“, fragte ich. „Wir wollten gerne damit spielen“, erklärten Ben Beißerchen und Lilli Locke. „Ich wollte es für meine Pfannkuchen“, meinte Chefin Charlotte. „Kommt mit“, sagte da Finn. „Ich weiß, wer dieses Ei verloren hat.“ Wir kletterten alle in Finns Fischerboot und fuhren hinaus aufs Meer. Und dann, an der tiefsten Stelle des Wassers, geschah etwas sehr Seltsames.

Zischschsch!!.

Das Ei – grün-und-blau-und-rund-wie-ein-Ball-gepunktet-gestreift-und-gezackt-überall – schlingerte hin und her, und plötzlich – tock, tock, KNIRSCH – brach es auseinander! Und heraus schlüpfte ein winziger Seedrache! Da durchbrach ein riesiges Ungetüm die Wellen. Finns Boot schaukelte heftig auf und ab und wir hielten uns alle ganz fest. „Das ist Papa Seedrache“, erklärte Fischer Finn. „MEIN BABY“, dröhnte das Ungetüm. „Squak! Squak!“, antwortete der kleine Seedrache freudig und flatterte mit den Flügeln. „Seedrachen-Eier sind sehr selten“, erklärte Fischer Finn. „Ich bin froh, dass wir dieses hier retten konnten.“ „Danke!“, sprach Papa Seedrache. „Mama Seedrache verlor unser Ei während eines Sturms, der es an Land getrieben hat.“ „Hurra!“, jubelten alle, während die Seedrachen glücklich davonschwammen. Ich war mir sicher: „Wenn ich jemals wieder ein solches Ei – grün-und-blau-und-rund-wie-ein-Ball-gepunktet-gestreift-und-gezackt-überall – finde, weiß ich jetzt, wem es gehört.“ Fischer Finn brachte uns zurück an den Strand und von dort gingen Ben Beißerchen, Lilli Locke, Chefin Charlotte und ich zum Abendessen nach Hause.

Ein Kater mit Reisefieber

Es war einmal ein Kater namens Kater – diesen Namen trug er, weil er keinen anderen Namen kannte. Kater streifte durch die Gegend und suchte nach einem schönen Ort zum Leben. Und der sollte nicht irgendwo sein. Kater suchte nach einem schnurr-fekten Platz, der es verdiente, Zuhause genannt zu werden.

Bereits als Katzenjunges ging er auf Wanderschaft. Damals sagte seine Mutter zu ihm: „Dich juckt es unter den Pfoten – du leidest an Reisefieber. Eine Katze in diesem Zustand ist niemals zufrieden, Kater. Schon bald wirst du uns verlassen, um etwas Neues zu suchen.“ Sie hatte recht behalten. Eines Tages verspürte Kater ein jämmerlich-juckendes Kribbeln unter den Tatzen. Deshalb verabschiedete er sich von seiner Mutter und ging fort. Wochenlang streunte Kater in der Stadt herum, fing Mäuse und schlief überall, wo es ein Plätzchen zum Ausruhen gab. Geschickt wich er dem Verkehr auf den verstopften Straßen aus, bis ihn eines Tages das Glück verließ. In der Nähe eines großen Wohnblocks schoss ihm an jenem Morgen ein Radfahrer entgegen. Kater erstarrte. Der Radfahrer schrie noch: „Aus dem Weg!“, doch mit seinem Hinterreifen erwischte er Katers Schwanzspitze.

„Mia-u-u-u!“, quietschte Kater schmerzerfüllt.

Sofort kam ein kleines Mädchen namens Leyla, das in der Nähe gespielt hatte, angerannt. „Armer Kater!“, rief es und streichelte ihm das Fell. Kater war noch nie zuvor gestreichelt worden, doch es gefiel ihm. Der Schwanz tat ihm noch weh und das Streicheln linderte den Schmerz. Irgendetwas sagte Kater, dass er Leyla vertrauen konnte, und so erlaubte er ihr, ihn hochzunehmen und zu ihr nach Hause zu tragen. Leyla wohnte im letzten Stock eines Hochhauses. Stirnrunzelnd begrüßte sie ihr Vater: „Du weißt doch, dass Tiere hier im Haus nicht erlaubt sind.“ „Ach Papa“, bettelte Leyla. „Darf ich mich um die Katze kümmern? Bitte?“ „Na gut“, antwortete ihr Vater. „Aber gib acht, dass sie niemand sieht, sonst bekommen wir Ärger!“ Kater versuchte, es sich gemütlich einzurichten. Sein Schwanz heilte rasch, obwohl die Spitze seit dem Unfall gekrümmt war. Kater hatte ein Körbchen in Leylas Zimmer und reichlich Futter. *Vielleicht,* überlegte Kater, *ist das hier der schnurr-fekte Ort zum Leben?* Doch dem war nicht so. Leyla hörte sehr laut Musik. Und gut aus dem Fenster sehen konnte Kater auch nicht, weil sie so weit oben im Haus lebten. Doch am meisten hasste er es, den ganzen Tag in der Wohnung zu sein. Nach kurzer Zeit verspürte Kater wieder dieses jämmerlich-juckende Kribbeln unter den Tatzen. Es war an der Zeit zu gehen. *Doch wie komme ich hier raus?*

AM MEER

Die Gelegenheit zur Flucht bot sich, als eines Tages ein Nachbar klingelte und nach Milch fragte. Leylas Vater ging in die Küche und ließ die Wohnungstür offen stehen. Rasch huschte Kater an Leyla vorbei. „Kater!“, rief sie noch. Doch Kater schaute sich nicht nach ihr um.

Später trottete er einen Uferweg an einem Kanal entlang. Schließlich setzte er sich zum Putzen in die Nähe eines leuchtend hell gestrichenen Lastkahns – der *Mira Dora*. Nach seiner Katzenwäsche begab sich Kater auf Futtersuche. Da! Mit einem Auge nahm er eine Bewegung wahr. Eine Ratte! Sie rannte gerade auf dem Schiffstau zum Kahn entlang. Blitzschnell machte Kater einen Satz und schnappte zu. Die Besitzer der *Mira Dora* beobachteten ihn dabei. „Schlaue Katze“, rief Jan. „Einen Rattenfänger könnten wir gut gebrauchen“, bestätigte Julia. Und so blieb Kater bei ihnen auf dem Kahn. Er schlief an Deck und genoss es, auf Rattenjagd zu gehen. Einige Tage lang schipperten Jan und Julia mit der *Mira Dora* auf Wasserstraßen entlang und entfernten sich zusammen mit Kater immer weiter von der Stadt. *Vielleicht*, überlegte Kater, *ist das der schnurr-fekte Ort zum Leben*. Doch dem war nicht so. Das Knattern des Schiffsmotors dröhnte schmerzhaft in seinen Ohren und er hasste den Geruch des Motoröls. Nach weniger als einer Woche verspürte Kater wieder das jämmerlich-juckende Kribbeln unter seinen Pfoten …

AM MEER

Eines Nachmittags ankerten Jan und Julia in der Nähe eines Bauernhofs. Sofort trottete ihnen eine Herde neugieriger Kühe entgegen. Noch nie in seinem Leben war Kater einer Kuh begegnet. Er hielt diese Tiere mit ihren spitzen Hörnern für wild und gefährlich. MUUUHHH, machten die Kühe. „Monster“, fauchte Kater. „Ich gehe!“ Er sprang vom Kahn und rannte weg. Jan und Julia waren traurig, als sie ihn davonjagen sahen. Kater spurtete über eine Brücke in den Wald hinein. Dann schlenderte er einen Waldweg entlang bis zu einer Lichtung, wo ein Förster Holz hackte. Katers Blick fiel auf ein Wohnmobil, das in der Nähe parkte und dessen Tür offen stand. Unbemerkt schlüpfte er hinein. Das Wohnmobil war ordentlich eingerichtet mit Sitzen, einem Tisch und einem Bett. „Das passt“, entschied Kater. *„Der schnurr-fekte Ort* – zumindest für heute Nacht.“ Nachdem er sich etwas zu fressen besorgt hatte, sprang er auf das Bett, kroch unter die Decke und schlief ein …

Plötzlich fuhr Kater aus dem Schlaf hoch. Neugierig linste er durch ein Fenster. Es war inzwischen dunkel draußen, nur der Mond und die Scheinwerfer des Wohnmobils leuchteten auf der Fahrt durch die Nacht. „MIAU!“, jammerte Kater. „MIAU!“ Mit quietschenden Reifen brachte der Förster den Wagen zum Stehen. „Hast du mich erschreckt!“, schimpfte er. „Raus mit dir!“

Den Rest der Nacht lief Kater – auf einen Hügel hinauf und wieder hinunter, über ein schlammiges Feld und Zuggleise. Am Morgen erreichte er schließlich das Meer. In der Nähe des Hafens fiel sein Blick auf ein kleines Holzhäuschen. Weil die Tür offen stand, schlich er hinein. Ein Mann saß an einer Schreibmaschine. *Klack-klack-klack* machte das altmodische Gerät, wenn er mit seinen Fingern die Tasten anschlug. Der Mann – ein berühmter Schriftsteller – unterbrach seine Arbeit, als er Kater mit krummer Schwanzspitze, einem eingerissenen Ohr und schlammigen Pfoten entdeckte.

„Hallo“, begrüßte er ihn. „Du siehst aus, als ob du auf der Reise wärst. Willst du hier bei mir leben?“ Sofort spürte Kater, dass sie bald Freunde werden würden. „Jetzt brauchst du aber erst mal einen Namen“, fuhr der Schriftsteller fort. „Was hältst du von Gulliver?“ Gulliver schnurrte. Er dachte, *das ist der schnurr-fekte Ort zum Leben.* Und so war es auch. Nun ja, fast jedenfalls. Gulliver fand das *Klack-klack-klack* der Schreibmaschine ein wenig ermüdend. Wann immer das vorkam, lief er zum Strand und jagte in kleinen Tümpeln nach Fischen. Doch er kam danach immer wieder nach Hause zurück und verspürte nie mehr das jämmerlich-juckende Gefühl unter seinen Pfoten.

Bruno und das unglaubliche U-Boot

Gemütlich saß ich an einem verregneten Nachmittag bei mir zu Hause und las eine Geschichte über eine Tiefseetaucherin. Sie suchte nach einem Schiffswrack, das mit einem wertvollen Juwelenschatz an Bord gesunken war.

„Ich wünschte, ich könnte den Schatz finden!", schoss es mir durch den Kopf. „Aber dazu fehlt mir ein U-Boot." Zufällig fiel mein Blick auf eine Anzeige in der Zeitung:

Baue jetzt dein eigenes U-Boot.
Zögere nicht!
Bestelle noch heute dein unglaubliches U-Boot-Set.

„Das ist genau das, was ich brauche!", freute ich mich. Sofort bestellte ich es und am nächsten Tag wurde das Set bereits geliefert. Im Paket lagen mehrere Bauteile:
ein Periskop, ein Propeller als Antrieb und eine Luke.
Eine Bauanleitung gab es auch.

AM MEER

Für den Aufbau benötigte ich eine Woche. Doch dann war mein U-Boot fertig und ich konnte endlich aufbrechen.

Tuck-tuck-tuck machte der Motor.

Zisch-zisch-zisch machte der Propeller.

Tropf-tropf-tropf machte ein Leck.

„Oh-oh“, stöhnte ich. Kurzerhand stellte ich einen Eimer auf, um die Tropfen aufzufangen. Als ich mir sicher war, tiefes Gewässer erreicht zu haben, schaltete ich auf „Tauchgang“. Würde das U-Boot funktionieren? Gespannt hielt ich den Atem an, während ich tatsächlich abtauchte!
Durch ein Bullauge bestaunte ich außergewöhnliche Pflanzen und andere Meeresbewohner. Darunter waren auch einige gefährlich aussehende Fische! Als ich noch tiefer sank, schaltete ich einen Scheinwerfer ein, um im trüben Wasser besser sehen zu können. Ein paar Minuten später machte ich im starken Lichtstrahl eine Entdeckung auf dem Meeresboden.

Schwertfisch
Seetang
Hai
Qualle
Seepferdchen
Korallen-
riff

Ein Schiffswrack! Ich war begeistert. Vielleicht hatte ich das Schatzschiff gefunden. Ich entdeckte ein Loch im Schiffsrumpf und fuhr vorsichtig darauf zu. Noch näher. Zu nah! Plötzlich schnellte mir ein Tentakel entgegen und packte mein unglaubliches U-Boot. Entsetzt bemerkte ich, dass wir uns in den Fängen einer Riesenkrake befanden. Panisch vor Angst schaltete ich die Bordinstrumente auf „Höchstgeschwindigkeit“. Der Motor heulte auf. Der Propeller röhrte und drehte sich so schnell, dass er abbrach. Doch die Krake hatte ich damit zum Glück erschreckt. Sie stieß eine tintenblaue Farbwolke aus und verschwand.

Ohne Propeller fehlte dem U-Boot der Antrieb, doch irgendwie schaffte ich es trotzdem, aus den Tiefen des Ozeans aufzutauchen. An der Oberfläche linste ich durch das Periskop und sah einen Delfin, der die ganze Zeit im Kreis schwamm. Erst auf den zweiten Blick entdeckte ich sein Junges. Seine Schwanzflosse hatte sich in einem Fischernetz verheddert. Weil ich helfen wollte, öffnete ich die Luke und kletterte hinaus. Mama Delfin pfiff vor Verzweiflung. Zum Glück trieb ihr Baby neben mir und so konnte ich es zügig befreien. Der kleine Delfin machte vor Freude über seine Rettung einen Salto.

„Danke“, sagte Mama Delfin. Dann erzählte ich ihr, dass auch ich in Schwierigkeiten steckte. „Wir ziehen dich zurück ans Ufer!“, bot sie an. Das Schiffswrack mit dem Juwelenschatz hatte ich an diesem Tag zwar nicht gefunden, aber ich hatte die abenteuerliche Fahrt im Meer genossen und auch noch einem kleinen Delfin geholfen. Mein unglaubliches U-Boot war am Ende doch noch nützlich gewesen!

VERBORGENES TAL

Georg, das gute Gespenst

Herr und Frau Luftig lebten mit ihren Kindern Jonas und Viola in der Straße Windiger Hügel 23, im Verborgenen Tal. Georg lebte auch dort – wobei, lebte ist nicht die richtige Bezeichnung, denn Georg war ein Gespenst.

Lange bevor Familie Luftig eingezogen war, hatte Georg sich häuslich im Besenschrank unter der Treppe eingerichtet. Als die Luftigs von den Gerüchten hörten, dass es in Nummer 23 spuke, waren sie hocherfreut und kauften das Haus, ohne zu zögern. Sie fanden den Gedanken an ein Hausgespenst großartig. So kam es, dass Georg Teil ihrer Familie wurde.

Huuu-aaahhh!!!

Zur Schlafenszeit war Georg immer bei Jonas und Viola im Zimmer. Er liebte Geschichten, obwohl ihm die gruseligen Geschichten Albträume bereiteten! Georg war nicht wie andere Gespenster. Er fürchtete sich im Dunkeln. Und er gab sich redliche Mühe, niemanden zu erschrecken – ganz im Gegensatz zu einem anderen Geist namens Furchtbare Fridoline, die immer Unfug anstellen wollte. Ihr Lieblingsspuk war es, heulend in Vollmondnächten herumzufliegen, bis den Menschen vor Angst die Haare zu Berge standen. Eines Tages schwebte die Furchtbare Fridoline durch eine Wand in das Haus Nummer 23 und überraschte Georg in seinem Besenschrank. „Du nennst dich Gespenst?", spottete sie. „Du bist ein Feigling, Georg. Morgen ist Halloween. Zeit für Hexerei und Hokuspokus!" Doch bevor Georg fragen konnte, was sie vorhatte, verschwand die Furchtbare Fridoline in einer Dunstwolke.

Beim Frühstück am nächsten Morgen bekam Georg zufällig mit, wie die Familie sich über eine Halloweenparty unterhielt. „Ich werde als Hexe gehen", erzählte Viola. „Ich habe schon einen Umhang und einen Zauberstab." „Du brauchst noch einen spitzen Hut", warf Mama ein. Jonas tanzte in einem Skelett-Kostüm herum. „Sehe ich furchterregend aus?", fragte er. „Nicht mehr als sonst auch", grinste Viola. „Haha!", äffte Jonas.

„Ich habe Karten für den Geisterzug", sagte Papa. „Er fährt um Mitternacht am Bahnhof ab." Da kam Georg in die Küche geflogen. „Hallo Georg", begrüßte ihn Mama. „Du musst auch mit zur Party gehen!"

„Ja“, rief Viola. „Der Geisterzug wird supergruselig werden!“ „Haben wir denn noch eine Karte für Georg?“, fragte Jonas. „Ich vermute, dass echte Gespenster kostenlos mitfahren dürfen!“, antwortete Papa. Georg hoffte inständig, dass er mutig genug sein würde, um in den Geisterzug einzusteigen. Plötzlich dachte er an die Furchtbare Fridoline. Er fürchtete, dass sie allen den Spaß verderben würde. Doch er beschloss, seine Angst zu verdrängen und ein Auge auf sie zu haben. In dieser Nacht brachen Mama, Papa, Viola, Jonas und Georg von Windiger Hügel aus auf und liefen hinunter in Richtung Bahnhof. Schon bald darauf mischten sie sich fröhlich unter eine Gruppe verkleideter Kinder – Zauberer, Hexen, Fabelwesen und Geister. Georg passte sehr gut dazu. Der Bahnhof war geschmückt mit Kürbislaternen, Fledermäusen und Spinnen. Auf dem Buffet standen verrückte Halloween-Speisen. Viola vertilgte einen schleimig-grünen Burger. Jonas schlürfte Monster-Grütze. Unruhig schwebte Georg umher und hielt nach der Furchtbaren Fridoline Ausschau. Obwohl er sie nicht entdecken konnte, spürte er, dass sie nichts Gutes im Schilde führte.

GONG!

Die Bahnhofsuhr schlug Mitternacht. „Alle einsteigen!“, rief Bahnhofsvorsteher Theo.

Alle drängelten sich in die Waggons und suchten nach ihren Plätzen. „Setz dich zu uns, Georg“, riefen Viola und Jonas. Beim letzten Glockenschlag um Mitternacht schwenkte Theo ein grünes Fähnchen – *Wohuu-wohuuu* pfiff der Zug. Zugführer Konrad löste die Bremse und der Geisterzug setzte sich behäbig in Bewegung. Kurz darauf fuhren sie knatternd und ratternd über die Gleise auf einen Berg zu – und hinein in einen dunklen, dunklen Tunnel … Plötzlich flatterten Hunderte Fledermäuse durch die Abteile. Alle erschraken. *„Iiihhh!“,* schrien die Kinder. *„Oohh!“,* stöhnte Georg. Die Furchtbare Fridoline erschien lachend und grinste schaurig.

„Hohoo-hoo-hoo-ha-ha-ha!“

Georg hatte schreckliche Angst. Doch es war nicht nur das. Irgendetwas stimmte nicht. Rasch flog Georg dem Zug voraus durch den Tunnel. Das Mondlicht erhellte die Schienen. Georg schwebte um eine Kurve und sah, dass etwas die Strecke versperrte. Ein Baum war auf die Gleise gestürzt. Der Zug raste auf eine Katastrophe zu. Nur noch wenige Sekunden und es würde krachen! Georg musste unbedingt den Zugführer warnen. Doch wie? Er flitzte zurück zur Lok und innerhalb eines Wimpernschlags erschien er im Führerhaus. Konrad schrie entsetzt. Georg rief: „HALT! HALT!“

Später konnte niemand mehr genau sagen, was dann passiert war. Alles geschah so plötzlich. Das Quietschen der Bremsen. Das Zischen der Dampflok. Der Ruck, als sie zum Stehen kamen. Eines stand fest: Konrad hatte den Zug rechtzeitig angehalten. Und niemand war verletzt worden. „Wo ist Georg?“, fragte Viola. „Er ist verschwunden, seit wir in den Tunnel gefahren sind“, meinte Jonas. „Ihr kennt Georg“, erwiderte Mama. „Zuerst ist er eine Minute hier, in der nächsten schon wieder dort. Er wird bald wieder auftauchen.“ Dann halfen alle dabei, den Baum von den Gleisen zu schaffen, damit der Zug weiterfahren konnte.

Zurück im Bahnhof wiederholte der fassungslose Konrad in einem fort: „Ich habe einen Geist gesehen. Ich bin mir ganz sicher. Er warnte mich, er sagte, ich solle anhalten. Wenn der Geist nicht gewesen wäre …“
Theo hörte geduldig zu. „Du hast einen Schock, Konrad“, beruhigte er ihn. „Und es IST Halloween. Heute Nacht sind viele Gespenster unterwegs.“
In diesem Moment erschien Georg. Familie Luftig musterte ihn prüfend. Sie hatten das Gefühl, dass er etwas wusste. Doch Georg gab keinen Mucks von sich. Nicht ein Wort. Als er später in seinem Besenschrank saß, besuchte ihn die Furchtbare Fridoline. Sie überraschte ihn mit ihrer ungewohnten Freundlichkeit. „Du warst sooo toll, Georg“, sprach sie. „Du bist überhaupt kein Feigling. Ich mache den ganzen Unfug nur, weil mir langweilig ist und ich einsam bin. Ich wünschte, ich könnte auch mit einer so netten Familie wie du zusammenleben.“ „In meinem Schrank ist Platz für zwei“, antwortete Georg. „Aber du musst mir versprechen, nie wieder jemanden zu erschrecken.“ „Ich VERSPRECHE es“, beteuerte die Furchtbare Fridoline.

Von diesem Tag an war Fridoline nie mehr furchtbar und Georg und sie wurden beste Freunde.

Samuel und das zauberhafte Schaumbad

Eines Abends schaute Samuel seine Lieblings-Trickfilmserie „Weltraummonster" im Fernsehen an. Mina, seine Babysitterin, saß neben ihm. Ein paar schreckliche Außerirdische verfolgten die Raketen-Kinder in ihrem Raumschiff und holten sie gerade ein.

„Diese Monster sind ein furchtbarer Haufen“, fand Mina. „Sieh dir nur ihre Fangarme und Klauen an.“ „Ich wünschte, ich wäre ein Astronaut“, seufzte Samuel. „Ich würde auch gerne in einem Raumschiff herumdüsen.“ „Na ja“, gab sich Mina geheimnisvoll. „Manchmal werden Wünsche wahr.“ Sie warf einen Blick auf ihre Uhr. „Komm, Samuel. Fernseher aus. Es ist Badezeit. Ich habe ein besonderes Blubber-Schaumbad für dich mitgebracht.“ „Wieso besonders?“, fragte Samuel, der nur mit einem Ohr zugehört hatte. „Verrate ich nicht“, lächelte Mina. „Komm mit und sieh selbst.“

Samuel hatte keine Lust, mit Mina zu streiten. Außerdem war er neugierig auf diese besonderen Seifenblasen. Deshalb schaltete er den Fernseher aus und folgte ihr ins Bad. Während er sich auszog, beobachtete er, wie Mina den Badezusatz in das Wasser goss. Er wartete auf wunderbare Seifenblasen, doch der Schaum sah ganz gewöhnlich aus. Er wollte schon protestieren, als Mina sagte: „Rein mit dir. Schließe deine Augen und zähle von fünf rückwärts runter.“ Samuel hüpfte in den Schaum, schloss die Augen und zählte: „Fünf, vier, drei, zwei, eins.“
Plötzlich saß er in einem fantastischen Raumschiff aus Seifenblasen! Er trug einen Astronautenhelm und bediente einen Bordcomputer. Strahlend zeigte er Mina beide Daumen. „Bereit für den Raketenstart“, sprach er zu sich selbst, griff nach der Bremse und löste sie.

ZISCHSCHSCH WUUUUMM

Sofort schoss das Raumschiff durch das Badezimmerfenster hinaus. In Windeseile düste Samuel durchs All, vorbei an Sternen und Planeten.

„Genial!“, staunte er. „Das Universum ist richtig GROSS!“ Samuel sah eine Menge Trümmerteile, die im All herumflogen. Geschickt wich er den Überresten alter Raketen und einem taumelnden Meteoriten, der das Raumschiff nur um Haaresbreite verfehlte, aus. Plötzlich blitzte auf seinem Bordcomputer ein leuchtendes Warnsignal auf und ein Alarm ertönte –

PIEP-PIEP-PIEP.

Eine Roboter-Stimme dröhnte aus einem der Lautsprecher: „Alarm – Außerirdische! Alarm – Außerirdische!“ Eine fliegende Untertasse näherte sich schnell – sehr schnell. Samuel erhaschte einen Blick auf zwei seltsam aussehende Kreaturen mit Tentakeln, die aus dem Fenster im Cockpit starrten. Sie sahen überhaupt nicht freundlich aus. „Ich bin bereit“, schrie Samuel. „Trägerraketen zünden!“ Er drückte auf einen großen roten Knopf. WUSCHSCH! Sein Raumschiff beschleunigte auf Höchstgeschwindigkeit. Augenblicklich nahmen die Außerirdischen seine Verfolgung auf. Samuel versuchte, die Kontrolle über sein Raumschiff zu behalten, während es auf die Erde zuschoss. Rasend schnell kam der Boden auf sie zu. In diesem Moment holten die Außerirdischen auf.

Zum Glück entdeckte Samuel einige Straßen, die ihm bekannt vorkamen – und sein Elternhaus. Die Außerirdischen waren ihm jetzt dicht auf den Fersen. Samuel steuerte genau auf das Badezimmerfenster zu und war fast hindurchgeflogen, als die Luke des Ufos aufsprang. Ein Tentakel mit einer glänzenden, scharfen Kralle schlängelte heraus und versetzte Samuels Seifenblasen-Raumschiff einen Hieb – *PLOPP!*

Mit einem lauten *PLATSCH* landete Samuel in seinem Badewasser. Mina schüttelte den Schaum aus ihrem Haar und lachte. „Hey!“, rief sie. „Pass auf!“ In diesem Moment kamen Samuels Eltern nach Hause. Sie gingen die Treppe hoch, um nach ihnen zu schauen. „Wie ich sehe, habt ihr beiden Spaß!“, begrüßte sie Papa. „Ich bin ins All geflogen“, berichtete ihm Samuel. „In einem Seifenblasen-Raumschiff.“

„Das klingt ganz schön aufregend“, fand Mama. „Wo ist diese zauberhafte Seifenblase denn?“ „Die Außerirdischen haben sie zum Platzen gebracht“, erwiderte Samuel. „Hmm“, murmelte Mama. „Ich glaube, du siehst zu viel fern!“ Seine Eltern gingen wieder nach unten.

„Mama und Papa haben mir wohl nicht geglaubt“, flüsterte Samuel. Mina lächelte. „Na, ich schon!“, versicherte sie. Am nächsten Morgen erlebte Samuel eine Überraschung. Auf dem Badezimmerboden lag eine glänzende, scharfe Kralle – genau wie die, die sein Seifenblasen-Raumschiff zum Platzen gebracht hatte. „Minas Seifenblasen sind wirklich etwas Besonderes!“, strahlte Samuel.

Der Irrgarten

Am Irrgarten läuft eine Wette
zwischen Tausendfüßer, Käfer, Schnecke:
Wer davon ist schnell am Ziel?
Wer gewinnt das irre Spiel?

Käfer links und Schnecke rechts,
der Tausendfüßer gradeaus.
Bald geht es nur noch wirr im Kreis:
Wie finden sie da wieder raus?

Käfer West und Schnecke Süd
und Tausendfüßer ist verwirrt.
Erst richtig und dann falsch gewählt –
sie haben sich verirrt!

Doch …

… plötzlich sind die drei am Ziel
und wundern sich: „Ach nee!“
Egal! Jetzt geht’s zurück nach Haus,
zu Kaffee oder Tee!

Karlo und der fliegende Teppich

Vor nicht allzu langer Zeit fand ich einen Teppich, der in der Nähe meines Gemüsegartens lag. Wie merkwürdig, dachte ich. Ich fragte mich, wer wohl der Besitzer sei. Da erschien ein weißes Kaninchen und stellte sich mit Namen Magnus vor.

„Weißt du etwas über diesen Teppich?", fragte ich. „Er gehört Herrn Universus, dem Zauberer", erzählte das Kaninchen Magnus. „Er ist magisch und hat mir einen dummen Streich gespielt. Schreckliches Ding." Bevor ich mehr erfahren konnte, hoppelte Magnus davon. „Ein Zauberteppich, hm?", überlegte ich. Ich gab ihm einen Klaps mit meiner Pfote. Aber der Teppich rührte sich nicht vom Fleck. Ich versuchte es noch einmal. Doch er zuckte nicht mal. „Ha", sagte ich. „Da ist überhaupt nichts Magisches an diesem alten Teppich. Magnus hat sich einen Spaß erlaubt." Da der Teppich sehr weich aussah, setzte ich mich. Das war ein Fehler. Mit einem Mal begann der Teppich heftig zu wackeln, rollte vorne eine Ecke hoch und hob in einer Staubwolke ab.

ZISCHSCHSCH! WUSCHSCHSCH!

Wir flogen so schnell, dass der Wind in meinen Ohren pfiff. Vor Angst krallte ich mich fest, als wir immer höher in den Himmel aufstiegen. Rasch flogen wir über das Verborgene Tal. Trotzdem traute ich mich, nach unten zu schauen, und entdeckte dabei ein merkwürdiges Haus im Wald. Im nächsten Moment sank der Teppich tiefer und tiefer, bis wir mit einem WUMM vor der Tür landeten. Und heraus trat Herr Universus. „Ah, hier bist du, Magnus“, sagte Herr Universus verärgert. „Wie kannst du unartiges Kaninchen einfach ausbüxen! Ich brauche dich heute für meine Zaubershow.“

Er richtete seine Brille, um mich genauer anzuschauen. „Deine Ohren sind kürzer, als ich mich erinnere …“ *„Oh-oh!“*, dachte ich. *„Der Zauberer hält mich für Magnus.“* Schnell erklärte ich ihm, wer ich war und wie ich hierhergekommen war.

„Ach du liebe Sterne!“, stöhnte Herr Universus und rang verzweifelt seine Hände. „Was soll ich nun tun? Die Kinder lieben meinen Zauberhut-Trick mit dem Kaninchen. Ich möchte sie nicht enttäuschen.“ „Ich helfe dir“, versprach ich. „Wenn du mir sagst, was ich tun muss?“ *„Hokuspokus!“,* rief Herr Universus. „Das können wir gerne versuchen, Karlo. Doch wir haben keine Zeit zu verlieren. Bald beginnt die Show. Komm mit!“

Ich folgte dem Zauberer hinter die Bühne, um mit ihm zu proben. „Siehst du diesen Zylinder?“, fragte mich Herr Universus. „Wenn ich das Zauberwort sage, hüpfst du hinein.“ „Welches Zauberwort?“, fragte ich. „Abrakadabra“, antwortete er. Und das war es auch schon.

Die Aufführung begann. Ich wartete hinter dem Vorhang auf meinen Auftritt. Ich hoffte, dass mir alles gelingen würde, denn der Zauberer war von meinem Können abhängig. Bei den Zaubertricks machte das Publikum „Oh“ und „Ah“. Dann verkündete Herr Universus: „Und nun zu meinem letzten spektakulären Zaubertrick vor euch, wertes Publikum.“ Er hielt den Zylinder mit der Öffnung nach unten, um zu zeigen, dass er leer war. Dann bedeckte er ihn mit einem Tuch und klopfte mit dem Zauberstab dreimal dagegen. Dabei sprach er:

„Abrakadabra!“

„Oh, Hilfe!", dachte ich. *„Es geht los!"* Ich war größer als Magnus, also quetschte ich mich in den Zauberhut. Ein Bein, zwei Beine. Schnell wurde es eng. Drei, vier … Ich konnte kaum noch atmen! Und mein Schwanz schaute über die Hutkrempe. Zu spät! Herr Universus zog das Tuch weg und holte mich heraus. „Tadaaa!", rief er. „Autsch!", jammerte ich. „Hurra!", jubelte das Publikum. Eigentlich hatten sie ein Kaninchen erwartet und erlebten nun eine nette Überraschung. Es war die beste Zaubershow, an die sie sich erinnern konnten. Selbst Herr Universus war hochzufrieden.
„Du hast die Aufführung gerettet, Karlo! Wie kann ich dir danken?"
„Bring mich zurück in meinen Gemüsegarten", bat ich. Und so flogen wir auf dem Teppich nach Hause. Magnus wartete bereits dort, und Herr Universus freute sich, ihn endlich wiederzusehen. Nachdem wir uns voneinander verabschiedet hatten, flogen die beiden glücklich davon.
Und so endet meine Geschichte

Die tanzenden Dinosaurier

Eines Tages spielte Kleiner Diplodocus an einem Teich, als ihn ein ungewöhnliches Geräusch aufschreckte. Der kleine Dinosaurier ging der Sache nach und entdeckte eine Musikband, die eine lebhafte Melodie spielte.

Klicketiklick. Tum-te-tum. Ting. Bum-bum.

Die Musik brachte die Füße des kleinen Dinosauriers zum Wippen, und die Dirigentin freute sich, dass der kleine Dinosaurier Freude daran hatte. „Wir proben für den Dschungelball heute Abend“, erzählte sie ihm. „Darf ich kommen?“, bat Kleiner Diplodocus. „Natürlich“, antwortete sie. „Jeder ist willkommen.“ Schnell rannte Kleiner Diplodocus nach Hause zu seiner Mama. „Können wir heute Abend auf den Dschungelball gehen?“, fragte er. „Was für ein Unsinn!“, entgegnete sie. „Dinosaurier tanzen nicht.“

VERBORGENES TAL

Kleiner Diplodocus war enttäuscht und trottete zu seinem Freund Kleiner Stegosaurus, um ihm von der schönen Musik zu erzählen. Sie gingen los und besuchten zusammen die Bandprobe.

Klicketiklick. Tum-te-tum. Ting. Bum-bum.

Und auch die Füße von Kleiner Stegosaurus wippten im Takt der Musik. Kleiner Stegosaurus rannte heim, um seinen Papa um Erlaubnis zu fragen: „Können wir heute Abend zum Dschungelball gehen?“ „Sicher nicht!“, antwortete er. „Dinosaurier tanzen nicht.“

Die beiden kleinen Dinosaurier waren traurig und besuchten ihren Freund Kleiner Triceratops, um ihm davon zu erzählen. Zu dritt gingen sie zur Probe.

Klicketiklick. Tum-te-tum. Ting. Bum-bum.

Auch die Zehen von Kleiner Triceratops wippten im Takt der Musik. Sofort rannte er nach Hause, um seine Oma zu fragen: „Können wir heute Abend auf den Dschungelball gehen?“ „Wie lächerlich!“, schimpfte sie. „Dinosaurier tanzen nicht.“ Die drei kleinen Dinosaurier überlegten, was zu tun sei. Sie mochten die Musik und wollten unbedingt tanzen. Schließlich gingen sie zu ihrem Freund Kleiner Tyrannosaurus, um ihm davon zu erzählen. „Komm und hör dir die Band an“, riefen sie. Kleiner Tyrannosaurus war einverstanden und rannte mit ihnen zum Teich.

Klicketiklick. Tum-te-tum. Ting. Bum-bum.

VERBORGENES TAL

Auch die Zehen von Kleiner Tyrannosaurus wippten im Takt der Musik. „Ich habe eine Idee“, rief er. „Lasst uns einfach jetzt zusammen tanzen, genau jetzt!“ Und das taten sie dann auch. In diesem Moment kam der Papa von Kleiner Tyrannosaurus, um nach dem Rechten zu sehen. Als er die Band spielen hörte und die kleinen Dinosaurier tanzen sah, bekam er vor Überraschung große Augen und staunte. Auch seine Zehen wippten im Takt der Musik. „Was für ein Spaß!“, stellte er fest. „Dinosaurier KÖNNEN tanzen. Das muss ich meinen Freunden erzählen. Wir sollten heute Abend alle auf den Dschungelball gehen.“

Und die kleinen Dinosaurier tanzten und sangen dabei:

Unten am Teich im Mondesglanz
tanzen wir alle den Dino-Tanz!
Klicketiklick. Tum-te-tum.
Ting. Bum-bum.

Am Ende ihrer abenteuerlichen Reise kehren Bruno, Karlo und Dodo mit einem Hut voller Geschichten nach Hause zurück. Eine nach der anderen wird im Geschichtenbaum aufgehängt, wo sie von nun an von allen wieder gelesen werden können.

Hast du auch schon einen unvergesslichen Urlaub verbracht?
Hast du alle Eier gefunden?
Was war deine Lieblings-geschichte?
Magst du Schaumblasen in der Badewanne?
Wer hat sich im Irrgarten verlaufen?
Zähl Schäfchen, wenn du nicht einschlafen kannst!
Wippe mit den Zehen wie die tan-zenden Dinosaurier!
Was gefällt dir am Strand am besten?
Wo endete der Regenbogen?
Abrakadabra!
Beeil dich, der Bus kommt gleich!
BUSHALTE-STELLE
49

Mach Musik mit den Pop-Piraten!
Wen habe ich mit meinem U-Boot gerettet?
Wovon wirst du heute Nacht wohl träumen?
Summ-summ-s-s-s!! TAPP-TAPP-TAPP!! Wer kommt da?
Komm, wir zaubern!
Wohin wandert der Kater mit dem Reisefieber?
Uuuuaaahhh
Uhh, es kratzt und juckt! Keiner mag die wirbelnden Wanzen!
Wer lebt in einem Besenschrank?
Fliegende Hüte und rasend-rollende Eier ... Los, die schnappen wir uns!
Fe, fi, fo, fund ... unsere neue Freundin heißt ...?
Komm, wir lesen die Geschichten noch mal!

Titel der Originalausgabe: Storytime

Aus dem Englischen von Pia Jüngert

ISBN 978-3-8458-3409-2

www.arsedition.de

FSC® C009279 100%

BRUNOS BIENEN-HÄUSCHEN
HINTER DEM REGENBOGEN
DAS ENDE DES REGENBOGENS
ZAUBER-WALD